kubismus

kunst basics

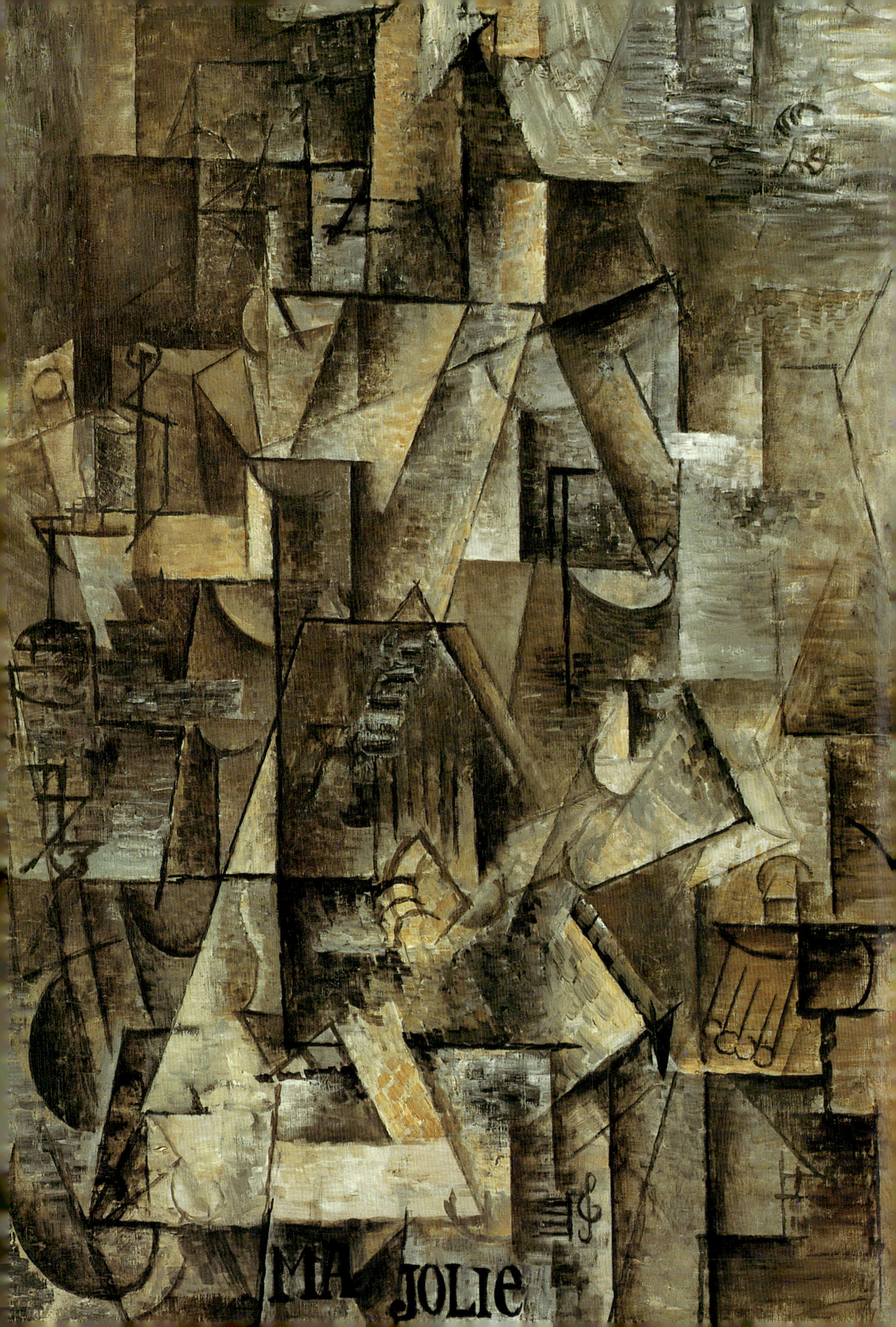
MA JOLIE

tistisches Manifest **1916** Schlacht um Verdun • Tod Kaiser Franz Josephs I. von Österreich • Guillaume Apollinaire, *Der gemordete Dichter* • Selbstmord von Jack London • Beginn der Dada-Bewegung im Cabaret Voltaire in Zürich **1917** Kriegseintritt der USA • Oktoberrevolution in Russland • Mata Hari wird in Paris wegen Spionage beschuldigt und zum Tod verurteilt • Hans Pfitzner, *Palestrina* • Sigmund Freud, *Vorlesung zur Einführung in die Psychoanalyse* • Tod Auguste Rodins **1918** Ende des Ersten Weltkriegs • Ermordung der Zarenfamilie • Nobelpreis für Physik an Max Planck • Abel Gance, *Ich klage an* • Tod Claude Debussys • Oswald Spengler, *Der Untergang des Abendlandes* (2 Bände, 1918–1922) • Heinrich Mann, *Der Untertan* • Guillaume Apollinaire stirbt an seinen Kriegsverletzungen • Tod von Gustav Klimt und Egon Schiele • Mario Broglio gibt *Valori Plastici* heraus **1919** Frieden von Versailles • Gründung des Völkerbundes • Ermordung von Rosa Luxemburg und Karl Liebknecht • Erste Atlantiküberquerung mit dem Flugzeug • Robert Wiene, *Das Kabinett des Dr. Caligari* • Paul Hindemith, *Mörder, Hoffnung der Frauen* • Hermann Hesse, *Demian* • Karl Kraus, *Die letzten Tage der Menschheit* • Gründung des Bauhauses in Weimar • Tod Auguste Renoirs **1920** Mohandas Karamchand (Mahatma) Gandhis gewaltloser Kampf für die Unabhängigkeit Indiens • Erstmalige Übertragung eines Instrumentalkonzerts in Deutschland • John Robertson, *Dr. Jekyll and Mr. Hyde* • Daniel-Henry Kahnweiler, *Der Weg zum Kubismus* • Ozenfant und Jeanneret begründen den »Esprit Nouveau« **1921** Gründung der kommunistischen Partei Chinas • Nobelpreis für Physik an Albert Einstein • Charlie Chaplin, *The Kid* • Liquidation der Sammlung Kahnweiler **1922** Gründung der UdSSR • Benito Mussolinis Marsch auf Rom • Howard Carter entdeckt das Grab Tutanchamuns • Friedrich Wilhelm Murnau, *Nosferatu* • Buster Keaton, *Cops* • Bertolt Brecht, *Trommeln in der Nacht* • James Joyce, *Ulysses* • Hans Prinzhorn, *Die Bildnerei der Geisteskranken* **1923** Hitler-Putsch in München scheitert • Rainer Maria Rilke, *Sonette an Orpheus* • Marcel Duchamp, *Das große Glas* • Tod Gustave Eiffels **1924** Tod Wladimir Iljitsch Lenins • Zehnmillionster Ford • Erfindung der Reihenrotationsmaschine • Cecil B. de Mille, *Die zehn Gebote* • George Gershwin, *Rhapsody in Blue* • Tod Giacomo Puccinis • Thomas Mann, *Der Zauberberg* • André Breton, *Manifest des Surrealismus* • Tod von Franz Kafka **1925** Adolf Hitler gründet die NSDAP • Sergej Eisenstein, *Panzerkreuzer Potemkin* • Charlie Chaplin, *Goldrausch* • Alban Berg, *Wozzeck* • Lion Feuchtwanger, *Jud Süß* • Francis Scott Fitzgerald, *Der Große Gatsby* • Umzug des Bauhauses von Weimar nach Dessau • Le Corbusier, *Pavillon de L'Esprit Nouveau*, Paris

kubismus

DAVID COTTINGTON

kunst basics

Hatje Cantz Verlag

IMPRESSUM

Text: David Cottington

Übersetzung: Christoph Hollender

Zeittafel/Glossar/Lektorat: Ute Barba

Grafische Gestaltung der Originalausgabe:
Isambard Thomas

Umschlaggestaltung, gestalterische Anpassung der deutschen Ausgabe und Satz:
Silke Fahnert, Uwe Koch, Köln

Druck: South Sea International Press Ltd., Hongkong

Die englische Originalausgabe erschien unter dem Titel *Cubism*

Erschienen im
Hatje Cantz Verlag
Senefelderstraße 12
73760 Ostfildern-Ruit
Deutschland
Tel. 0711/44 05 0
Fax 0711/44 05 220
Internet: www.hatjecantz.de

ISBN 3-7757-1151-1

Umschlagabbildung: Pablo Picasso,
Glas und Suze-Flasche, 1912 (Abb. 58)

Frontispiz: Pablo Picasso, *»Ma Jolie« (Frau mit Zither oder Gitarre)*, 1911/12
(Detail von Abb. 55)

Inhalt

Einführung: Moderne Zeiten

Das Jahrzehnt vor dem Ersten Weltkrieg war eine herausragende Epoche in der Geschichte von Paris. In neuem Glanz, dank des umfangreichen Stadtentwicklungsprogramms, das Mitte des 19. Jahrhunderts unter Baron Haussmann seinen Anfang genommen hatte, stand die Stadt auf dem Höhepunkt ihres Ruhms als Hauptstadt des Luxus und der Unterhaltung. Hiervon zeugte die Weltausstellung von 1900, die fünfzig Millionen Besucher anlockte; hiervon zeugten der enorme Erfolg der großen Kaufhäuser und die unaufhaltsam wachsende Zahl der Theater, Varietés und Kinos. Doch unter der glitzernden Fassade dieses Spektakels der Belle Epoque war die Pariser Gesellschaft – wie ganz Frankreich zu dieser Zeit – von Konflikten und Widersprüchen zerrissen. Die Dynamik des Kapitalismus, die Triebkraft des wirtschaftlichen Aufschwungs, verschärfte die ohnehin schon beträchtlichen sozialen Unterschiede und stieß zunehmend auf Widerstand aus der Arbeiterklasse, organisiert in den neuen Bewegungen des Sozialismus und der Gewerkschaften, und vonseiten der immer vernehmlicheren Frauenbewegung. Das rasche Wachstum der Stadt und das Aufkommen von neuen Formen des Massenverkehrs, des Konsums und der Unterhaltung bedrohten traditionelle, oft ländliche Gewerbe und Lebensweisen, zu denen viele Menschen eine tiefe Verbundenheit bewahrten. Unterdessen nährte der internationale Wettlauf um koloniale Besitzungen und Märkte eine nationalistische Gesinnung, die, angeheizt durch die Auseinandersetzungen mit Deutschland über das Protektorat Marokko in den Jahren 1905 und 1911, schließlich 1914 zum Kriegsausbruch führte.

In dieser komplexen und dynamischen Gesellschaft entstand die schillernde Gemeinschaft der künstlerischen Avantgarde. Vom kulturellen Prestige der Stadt Paris angelockt, machten junge aufstrebende Künstler aus ganz Europa sie zu der vielfältigsten und einflussreichsten künstlerischen Szene unter der Vielzahl solcher Bewegungen, wie sie in den ersten Jahren des Jahrhunderts in Erscheinung traten. Aus dieser Situation entstand und entwickelte sich der Kubismus, die vielleicht schöpferischste künstlerische Bewegung in der Geschichte der Moderne und jedenfalls einer der komplexesten und widersprüchlichsten der zahlreichen »Ismen« des 20. Jahrhunderts. Er nahm seinen Anfang zwischen 1907 und 1910 in zwei sehr unterschiedlichen Gruppierungen der Avantgarde: einerseits in dem Kreis um Pablo Picasso und Georges Braque mit ihren Ateliers auf dem Montmartre und den Kunsthändlern, die sie dort aufsuchten, andererseits im Kreis der Künstler vom linken Seine-Ufer mit Albert Gleizes, Jean Metzinger, Fernand Léger, Henri Le Fauconnier sowie Sonia und Robert Delaunay, die ihre Arbeit auf die jährlichen Ausstellungen im Salon d'Automne und im Salon des Indépendants ausrichteten. Die Pionierzeit des Kubismus als Stil und Bewegung wurde jedoch durch den Krieg abrupt beendet. Den Sommer 1914 verbrachten Picasso, Braque und André Derain in Südfrankreich.

Anfang August brachte Picasso seine Freunde, die zum Kriegsdienst einberufen waren, zum Bahnhof von Avignon; später sagte er: »Ich sah sie niemals wieder.« Tatsächlich hat er sie noch oft wieder gesehen, doch was er meinte, war, dass ihre Freundschaft nie mehr wie früher sein konnte: Das Abenteuer Kubismus war vorbei.

Das Ende dieser ereignisreichen Zeit hatte sich allerdings schon seit einigen Monaten angekündigt, seit der Stil und die Bewegung sich durch die verschiedenartigen Arbeiten einer wachsenden Zahl von Künstlern immer weiter auffächerten und ihre Urheber begannen, verschiedene Wege zu gehen. Schon im Herbst 1913 bemerkte der Kritiker Roger Allard, dass es keinen identifizierbaren gemeinsamen Stil mehr gab, und bezeichnete die Auflösung des »kubistischen Reichs« als eine »vollendete Tatsache«. Der Kriegsausbruch besiegelte nun das Ende, da einige der wichtigsten Künstler zum Militär eingezogen wurden, und läutete ein Jahrzehnt der Konsolidierung und des Infragestellens des bis dahin Erreichten ein.

Zwei Arbeiten aus dem Frühjahr 1914 geben uns einen anschaulichen Überblick über die Leistung des Kubismus und verdeutlichen die Bandbreite der verschiedenartigen Fragestellungen, die die kubistische Bewegung in den fünf vorausgegangenen Jahren aufgegriffen hatte. Die eine Arbeit, von Robert Delaunay, ehemals ein führendes Mitglied der Gruppe der »Salonkubisten«, wie wir sie nennen können, war konzipiert, um eine Öffentlichkeit anzusprechen – kein Großformat, doch groß genug, um sich in einem vollen Ausstellungssaal zu behaupten, mit einem wiedererkennbaren und zeitgenössischen, ja sogar aktuellen Thema und einem Aufsehen erregenden Motiv. Die andere, von Picasso, dem führenden »Galeriekubisten«, war demgegenüber kleinformatig und zurückhaltend, geradezu bescheiden in ihrem Anblick; vermutlich sahen sie nur eine kleine Gruppe von Sammlern und Freunden, die das Atelier des Künstlers oder die Galerie seines Händlers aufsuchten. Beide, wenn auch sehr unterschiedlichen Herangehensweisen lassen erkennen, wie dieser rätselhafte avantgardistische Stil in der politischen, ökonomischen und sozialen Dynamik von Paris in den Jahren vor 1914 verankert war.

Der Gegenstand von Delaunays Gemälde *Politisches Drama* (Abb. 1) beruhte auf einem aktuellen, spektakulären Skandal: die Ermordung von Gaston Calmette, dem Herausgeber der führenden konservativen Tageszeitung *Le Figaro,* der am 16. März 1914 in seinem Büro von der Frau des Finanzministers Joseph Caillaux erschossen worden war. Calmette hatte einige Tage zuvor eine Kampagne gestartet, um den Minister zu diskreditieren, und drohte, alte Briefe des Ministers an eine frühere Geliebte zu veröffentlichen. Es war jedoch kein reines Verbrechen aus Leidenschaft, denn Calmettes Animosität hatte zutiefst politische Gründe, und hinter seiner Kampagne stand, wie allgemein vermutet, kein Geringerer als der französische Präsident Raymond Poincaré. Sein erstes Motiv war Caillaux' Widerstand gegen die Verlängerung der Wehrpflicht von zwei auf drei Jahre, eine Maßnahme zur Vorbereitung auf einen möglichen Krieg, die nach der zweiten Marokkokrise 1911 von der wachsenden nationalistischen Mehrheit zu einer Art Indikator des Patriotismus hochstilisiert wurde. Caillaux' Kampagne gegen die dreijährige Wehrpflicht, die schließlich im August 1913 eingeführt wurde, brachte ihn auf die Seite der antimilitaristischen Sozialisten und Gewerkschafter gegen den Rest der Republik. Zudem forderte Caillaux die Einführung einer Einkommensteuer, eine Idee, die im bürgerlichen Lager heftig abgelehnt wurde, während zugleich die politische Militanz der Linken bei einem Großteil der bürgerlichen Mittelschicht Furcht vor revolutionärem Aufruhr weckte. Für die Meinungsführer der Dritten Republik, wie Calmette – und auch Poincaré –, war Caillaux offensichtlich ein Risiko.

Delaunays Bildgegenstand führte also zwei der herausragendsten politischen Themen dieser Zeit zusammen: Nationalismus und Klassenkampf. Und er deutete zudem ein drittes an, denn Madame Caillaux' Tat zur Verteidigung ihres Mannes musste zwangsläufig auch in Bezug auf die »Frauenfrage« gesehen werden, wie man damals die immer nachdrücklicheren Forderungen von Frauen nach politischer und sozialer Gleichberechtigung nannte. Nicht dass Delaunay das Thema unmittelbar aus diesen Gründen gewählt hätte: Vielmehr scheint es, dass ihn die »Impression« eines Zeitschriftenillustrators von dem Geschehen angeregt hatte, die einige Tage nach der Tat erschienen war (Abb. 2). Sie zeigte Madame Caillaux und Calmette vor einem großen Fenster, der Pistolenschuss dargestellt als eine Aureole aus Licht. Genau dieses Motiv aber hatte Delaunay in seinen letzten Gemälden erforscht, in

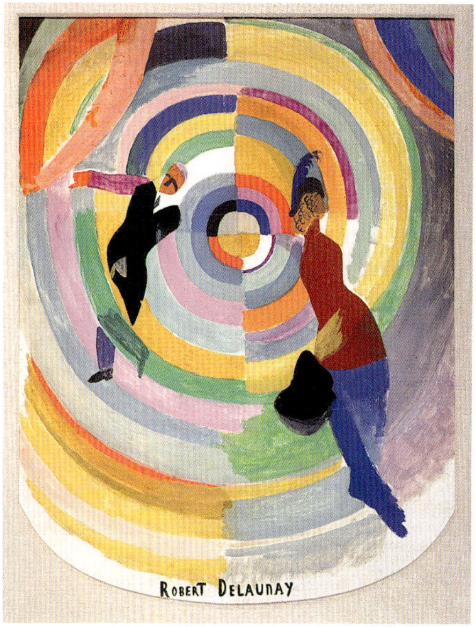

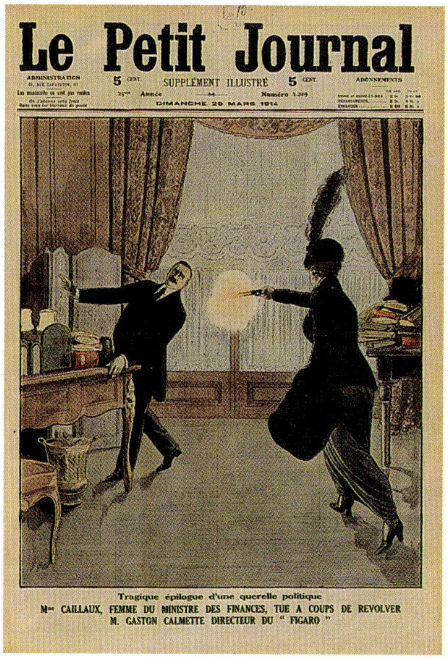

1
ROBERT DELAUNAY
Politisches Drama
1914
Öl und Collage auf Karton
88,7 x 67,3 cm
National Gallery of Art, Washington, Schenkung Joseph H. Hazen Foundation, Inc.

2
Umschlagabbildung von *Le Petit Journal*
29. März 1914

denen er mit dem konstruktiven und symbolischen Potenzial von Spektralfarben und ihrer paarweisen komplementären Anordnung experimentierte. In *Politisches Drama,* das eindeutig auf der Zeitschriftenillustration basiert, machte er aus der Aureole eine implizite Zielscheibe, die in hellfarbigen, gevierteilten konzentrischen Kreisen die gesamte Bildfläche einnimmt. Fast dasselbe Muster hatte er in einer anderen Arbeit verwendet, die ungefähr zur gleichen Zeit entstand, der höchst ungewöhnlichen *Simultanscheibe (Die erste Scheibe),* die zu den ersten abstrakten Gemälden überhaupt zu zählen ist (Abb. 3). Arbeiten dieser Art bildeten 1914 die Spitze der künstlerischen Innovation und waren als solche für das Salonpublikum mit an Sicherheit grenzender Wahrscheinlichkeit unverständlich; Delaunays Briefe aus dieser Zeit lassen erkennen, dass er sich dessen völlig bewusst war. Die Wahl eines so bekannten Bildgegenstands wie Calmettes Ermordung war offenbar kein Zufall, sondern Absicht; sie war ein Versuch – vergleichbar mit anderen Arbeiten von Delaunay und seiner Frau Sonia aus den Jahren vor 1914 –, ein populäres Sujet als Vehikel für künstlerische Innovationen zu nutzen, um diese über die Avantgardekreise hinaus einem breiteren Publikum zugänglich zu machen. Auf das Problem einer solchen Kombination von esoterischem Experiment und öffentlichkeitswirksamem Bezug werden wir noch zurückkommen. Jedenfalls ist es bezeichnend, dass dieser Versuch gerade zu einer Zeit gemacht wurde, als die neuen Technologien der Pressefotografie und des Nachrichtenfilms begannen, Malerei und Illustration in ihrer Funktion des Dokumentierens von historischen Ereignissen abzulösen und die Bedingungen der visuellen Darstellung des öffentlichen Lebens zu diktieren. Die meisten Avantgarde-

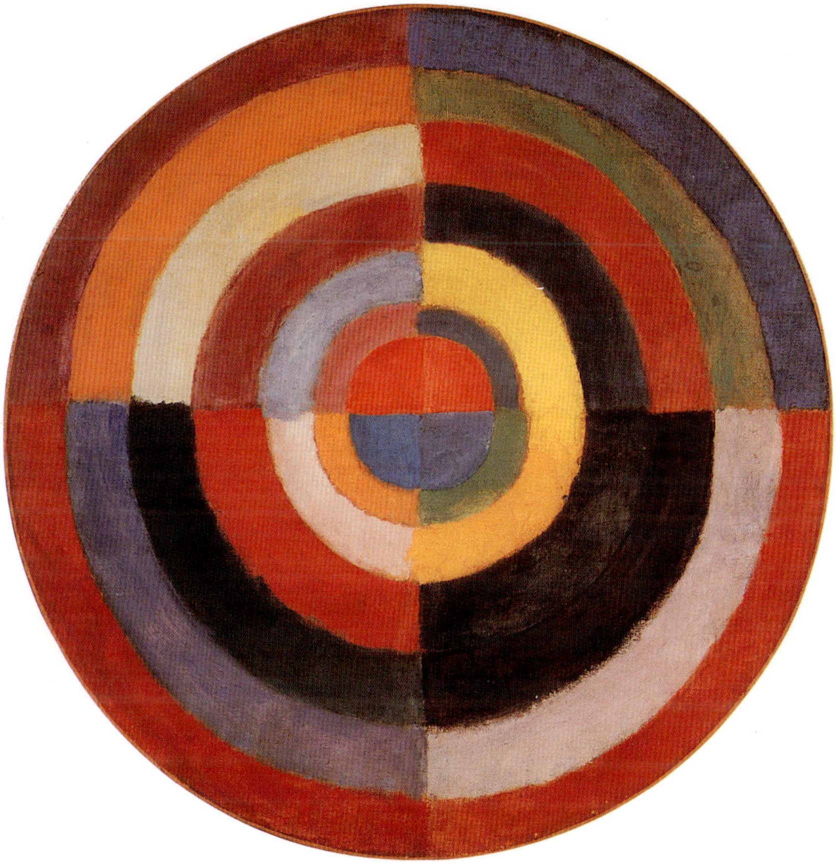

3
ROBERT DELAUNAY
Simultanscheibe (Die erste Scheibe) 1914
Öl auf Leinwand
Durchmesser: 134 cm
Privatsammlung

künstler reagierten auf diese Entwicklung, indem sie sich von den Themen des öffentlichen Lebens abwandten und sich auf Fragen der Form und Farbe um ihrer selbst willen konzentrierten. *Politisches Drama* können wir dagegen als einen ambitionierten Versuch ansehen, die ästhetisch radikalste Avantgardebewegung von innen heraus infrage zu stellen, indem es die öffentliche Funktion der Malerei verteidigte und zugleich ihre Kommunikationsmittel modernisierte.

Während Delaunays Gemälde von hochfliegenden Ambitionen des Kubismus zu sprechen scheint, erweckt Picassos im selben Frühjahr entstandene Konstruktion *Stillleben* (Abb. 4) zunächst den entgegengesetzten Eindruck. Die Ansammlung von anspruchslosen Materialien – einige Holzreste und ein Stück mit Troddeln verzierter Stoffborte, so bemalt und zusammengefügt, dass sie wie eine Schnitte Brot mit einer Scheibe Wurst, ein Messer und ein Weinglas auf einem Cafétisch an einer Wand erscheinen – impliziert eine Ablehnung nicht nur der traditionellen Materialien der Kunst, sondern all dessen, was Delaunay als Aufgabe und Anspruch der Kunst reklamierte. Und doch verkörpert diese kleine Arbeit auf ihre Weise eine ähnlich fundamentale Auseinandersetzung mit Fragen der Darstellung des modernen Lebens und der Rolle der Kunst wie *Politisches Drama*. Sie ist nicht nur aus den gleichen Materialien gemacht wie viele alltägliche Gegenstände, sie ragt auch unmittelbar in den Raum des Betrachters hinein. Durch ihre Ähnlichkeit mit den Alltagsgegenständen erzeugen die Materialien einen fiktiven Raum – den Raum eines Cafétischs – und stellen ihn zugleich infrage durch ihre schiere Materialität und durch den Verzicht auf die üblichen vermittelnden Elemente wie Rahmen oder Sockel. Gleichzeitig wird auch die Ähnlichkeit selbst in Zweifel gezogen: Während Brot, Wurst und Messer realistisch erscheinen, hat das Glas etwas Diagrammartiges, seine Durchsichtigkeit und sein Volumen sind in dem hölzernen Bogen seines oberen Randes angedeutet, der im rechten Winkel absteht; die Tischfläche neigt sich nach vorne, als wäre sie von oben gesehen, und entfernt sich von dem Glas, das vorgeblich auf ihr steht.

Indem er diese verschiedenen Darstellungskonventionen miteinander kombiniert, verdeutlicht Picasso ihre Konventionalität. Aber das ist nicht alles: Während kein Betrachter sich von dem Brot und der Wurst täuschen lassen wird, die eindeutig aus Holz gemacht sind, *ist* die Stoffborte eine Stoffborte, und zwar von einer Art, in der 1914 viele Tischdecken gesäumt waren; somit wird auch die Grenze zwischen Fiktion und Realität – zwischen Kunst und Nichtkunst – infrage gestellt. Zudem ist auch der Status des Objekts als Kunstwerk weder durch die verwendeten Materialien noch durch ein erkennbares besonderes Geschick (traditionell künstlerischer Art) bei seiner Herstellung abgesichert; im Gegenteil werden das Pathos der bescheidenen Materialien und die rudimentäre Technik durch ihre geistreiche Kombination noch gesteigert und hervorgehoben. Der Erfindungsgeist, mit dem Picasso diese fiktive Szene aus so banalem Material erstehen lässt und zugleich die Künstlichkeit der Kunst offenbart, verleiht der Arbeit ihren Reiz; es ist, als hätte der Künstler den Abfall dieser wertlosen Materialreste durch die Alchimie seiner kreativen Fantasie in das Gold der Kunst verwandelt.

Diese Alchimie benutzte die Gegenstände einer modernen kommerziellen Kultur, die sich damals rasch in alle Richtungen ausbreitete, in dem Maße, wie neue Methoden der maschinisierten Produktion und eine wachsende Nachfrage nach Gebrauchsgütern zusammentrafen. Folglich bildeten die Stofftroddeln eine Imitation von Materialien und Techniken einer vorindustriellen, Luxusartikeln vorbehaltenen Handwerkstradition, die in allgemeineren Gebrauch kamen, seit die Massenproduktion sie für die Bevölkerungsmehrheit erschwinglich gemacht hatte. Ihre Verwendung in dieser Arbeit – zur Kennzeichnung eines Tischs mit einem imitiertem Imbiss darauf vor einer Wand mit einer realen, doch in konventionell illusionistischer Trompe-l'œil-Manier gefertigten Zierleiste – stand in Einklang mit der typischen Maskerade der Materialien, wie sie zu der Zeit modern war. Doch

Picassos Spiel mit Ambiguität und Ironie, das den Witz des *Stillebens* ausmacht, entfernte die einzelnen Bestandteile der Konstruktion von ihrem Ursprung. Der Künstler kombiniert hier eine »reale« Tischdecke mit illusionistisch dargestelltem Brot und einem Glas, das in einem verkürzenden kubistischen Code gezeichnet ist und auf diese Weise einen Bezug zu der Serie der Gemälde, Collagen und Konstruktionen herstellt, in denen diese Formensprache im Verlauf der vergangenen zwei Jahre entwickelt worden war. Wenn die Verwendung der Abfälle einer degradierten kommerziellen Kultur für Picasso eine Methode war, um die Konventionen der akademischen Kunst zu untergraben, so erlaubte dieses private Spiel – reich an Witz und Anspielungen – dem *Stillleben,* sich der völligen Vereinnahmung durch die kommerzielle Kultur zu widersetzen und gegen deren wachsenden Druck einen Raum für scharfsinnige und kritische Kunst aufrechtzuerhalten.

Picasso und Delaunay hatten sich in diesen Arbeiten schon ein Stück weit von den Ausgangspunkten und dem ursprünglichen Bezugsrahmen des Kubismus entfernt. Delaunay hatte sich achtzehn Monate zuvor öffentlich von der Gruppe der »Salonkubisten« distanziert, und sein *Politisches Drama* zeigt weder das Nebeneinander unterschiedlicher Perspektiven noch die Fragmentierung der Formen, die als die charakteristischen Merkmale des kubistischen Stils galten. In Picassos Konstruktion sind sie zwar noch residuell vorhanden – in der diagrammartigen Form des Glases und der Neigung der Tischfläche –, doch seine dreidimensionale Spielerei mit Materialresten eröffnete Implikationen für die Skulptur, die, wie wir sehen werden, die Prämissen des Kubismus infrage stellte. Dennoch wäre keine der beiden Arbeiten möglich gewesen ohne die kollektive Erfahrung der kubistischen Bewegung. In ihrer Kombination des Populären und des Esoterischen, im Sichtbarmachen der Techniken des Illusionismus – bei Delaunay durch die programmatische Demonstration der konstruktiven Funktion der Farbe, bei Picasso durch das Spiel mit Schein und Wirklichkeit – beziehen die Künstler sich, wenn auch in höchst unterschiedlicher Weise, auf Ideen und Praktiken, die sich im Laufe von sechs oder sieben Jahren des gemeinsamen Experimentierens herausgebildet hatten, wie die folgenden Kapitel zeigen werden. Grundlegend für diese Experimente war die Erkenntnis der konventionellen Natur der visuellen Darstellung – die Erkenntnis, dass die Malerei nicht die sichtbare Welt nachahmt, sondern sie nach bestimmten Konventionen und mit bestimmten Techniken (wie zum Beispiel Perspektive und Modellierung) darstellt, dass sie sich darin analog zur Sprache verhält und dass sie nur dann modern sein kann, wenn man ihre sprachliche Natur explizit eingesteht. Doch wie bei den Wörtern einer Sprache hängt die Bedeutung dieser Konventionen und Techniken von ihrer Akzentuierung und dem Kontext ab, und »Moderne« war ein Wort, das innerhalb der kubistischen Bewegung mit vielen verschiedenen Akzenten gemalt (und skulptiert) wurde, wie wir sehen werden.

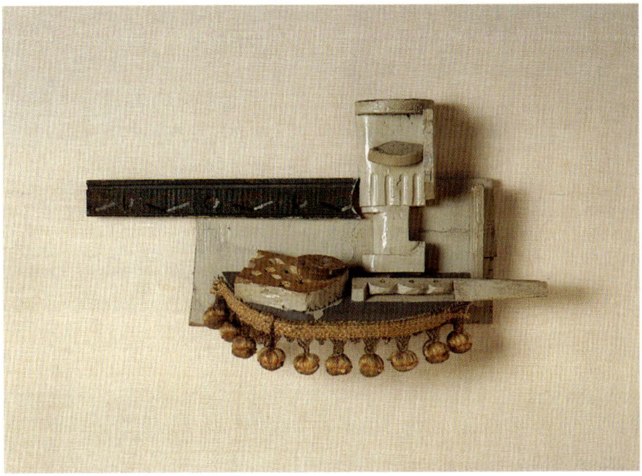

4
PABLO PICASSO
Stillleben 1914
Bemaltes Holz und Stofftroddeln
25,4 x 45,7 x 9,2 cm
Tate, London

1 Die Vorkriegsavantgarde

Selbst wer mit der Malerei Picassos oder anderer ästhetisch radikaler Avantgardekünstler im Paris des Jahres 1907 schon vertraut war, dürfte zu diesem Zeitpunkt kaum auf den Anblick vorbereitet gewesen sein, den *Les Demoiselles d'Avignon* dem Betrachter bot (Abb. 5). Es war ein schockierend unkonventionelles Gemälde, ein Quintett von schamlos nackten Huren – zwei von ihnen monströs deformiert, während zwei andere uns unverwandt entgegenstarren –, aufgereiht in einem klaustrophobisch verflachten, eckigen Raum. Auch heute, fast ein Jahrhundert später, wirkt dieses Bild noch immer verstörend in seiner ungeschönten Sexualität und seinem gewaltsamen Verstoß gegen die Konventionen der räumlichen Illusion, der Integrität der Figuren und der Einheit der Komposition. Obwohl es erst fast zehn Jahre nach seiner Entstehung öffentlich ausgestellt wurde, war Picassos Gemälde innerhalb der Künstlerszene von Montmartre bald notorisch berühmt – was darauf hindeutet, dass man dort von dem jungen Spanier, dessen außerordentliches Talent offensichtlich war und dessen Ruf in den Kreisen der Künstler und Sammler neuer Kunst rasch die Runde machte, bereits eine Art Tour de Force erwartete. Dass Picasso dieser Erwartung aber mit einem Werk begegnete, das sein Talent augenscheinlich verleugnete, das explizit bemüht schien, abstoßend zu wirken, war wohl ebenso unerwartet wie der Anblick des Gemäldes selbst. Picassos Händler Daniel-Henry Kahnweiler erinnerte sich später, dass das Bild allen, die es sahen, »entweder verrückt oder monströs« erschien; und Gertrude Stein, die mit dem Künstler befreundet war, berichtet, dass der Kunstsammler Sergej Schtschukin fast in Tränen ausgebrochen war angesichts dieses Verlusts für die französische(!) Kunst.

Picassos Motivation, ein so schockierendes Bild zu malen, verdankte sich vermutlich nicht nur seinem Hang zum Ikonoklasmus und dem Selbstbewusstsein seines eigenen künstlerischen Könnens – Charaktereigenschaften, die heute einen Teil seines Ruhms ausmachen –, sondern auch einer Haltung, die essenziell ein Produkt dieser Zeit, des Jahrzehnts vor dem Ersten Weltkrieg, war: dem Avantgardismus. Seit dem frühen 19. Jahrhundert hatte es in der Pariser Kunst immer eine Richtung gegeben, die vom Geist der Rebellion gegen akademische Konventionen und den etablierten Geschmack geprägt war. Vom Individualismus und der technischen Virtuosität der Romantik eines Eugène Delacroix über Edouard Manets ironische und anspielungsreiche Beobachtungen des modernen Großstadtlebens und der Bedeutung der Malerei in diesem Umfeld bis zu den utopischen Visionen von Vincent van Goghs sonnendurchfluteter Provence und Paul Gauguins paradiesischem Tahiti hatten Künstler sich immer tiefer in eine Kultur der Entfremdung von den sozialen, moralischen und ästhetischen Konventionen der modernen kapitalistischen Gesellschaft gesteigert und diese auf der Leinwand dargestellt. In den letzten Jahren des 19. Jahrhunderts verschärfte sich diese Ent-

5
PABLO PICASSO
Les Demoiselles d'Avignon 1907
Öl auf Leinwand
243,9 x 233,7 cm
The Museum of Modern Art, New York, erworben durch das Vermächtnis Lillie P. Bliss

fremdung, fand zugleich aber auch institutionelle Unterstützung. Immer mehr angehende Künstler und Schriftsteller, die mit großen Hoffnungen nach Paris, der kulturellen Hauptstadt Europas, kamen, fanden die Wege zu einer glänzenden Karriere – die staatlichen Kunstakademien, die jurierten Salonausstellungen und die Hierarchie der dort vergebenen Preise, die etablierten Zeitungen und Lite-

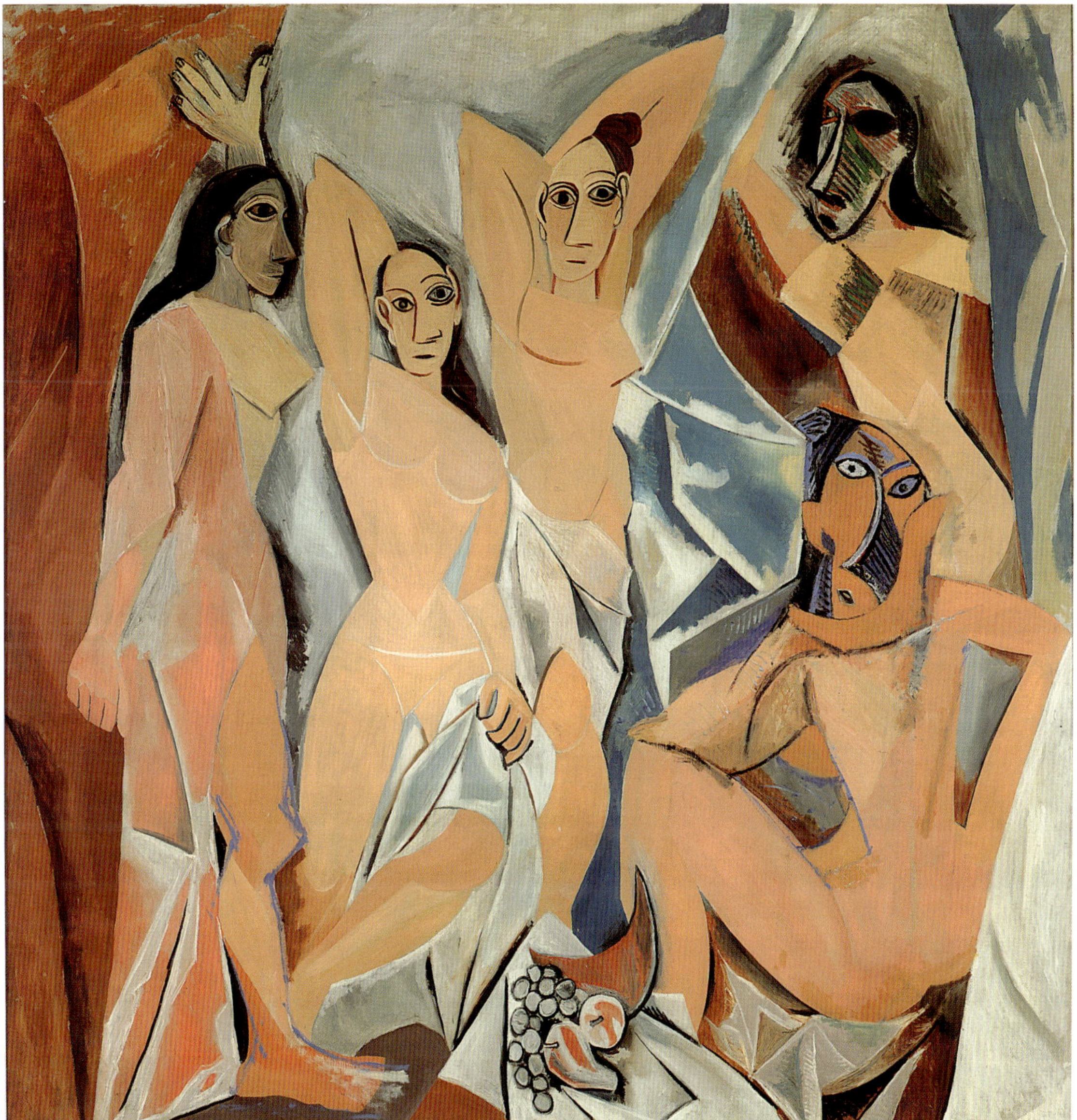

raturzeitschriften – von der Vielzahl ihrer Konkurrenten blockiert und von engstirnigen Regeln versperrt. So suchten sie sich Alternativen, stellten gemeinsam in informellen Gruppen aus, vernetzten sich untereinander in zahlreichen Kreisen. Sie trafen sich zumeist in den Cafés, um neue Ideen und Techniken zu verkünden, zu vergleichen und zu debattieren, und sie schrieben darüber in kurzlebigen kleinen

Zeitschriften. So fand sich allmählich eine kleine, aber wachsende Zahl von Kunsthändlern und Sammlern, die bereit waren, in ihre Kunst zu investieren. Von den Ausstellungen der Impressionisten in den 1870er und 1880er Jahren über die Gründung des nicht jurierten Salon des Artistes Indépendants 1884 bis zu den Pionieren unter den Kunsthändlern wie Paul Durand-Ruel, Ambroise Vollard und den Brüdern Bernheim-Jeune weitete diese alternative Infrastruktur sich stetig aus.

Doch erst nach der Jahrhundertwende wurde aus dieser inoffiziellen Kunstszene die Künstlergemeinde der Avantgarde – oder besser gesagt der Avantgarden, da sie inzwischen einige Tausend Künstler und Schriftsteller umfasste. Ein zeitgenössischer Kritiker schätzte, dass im Jahr 1911 in Paris ungefähr dreißigtausend neue Gemälde ausgestellt wurden; und die Zahl der zwischen 1900 und 1914 neu gegründeten Literatur- und Kunstzeitschriften, von denen nahezu jede einen anderen »Ismus« proklamierte, reichte an die zweihundert. Schon diese Zahlen waren ein Grund für die damalige Konsolidierung; ein weiterer Grund war die Ausweitung der Marktbasis, seit mehr und mehr Händler und Sammler begannen, mit neuer und unorthodoxer Kunst zu spekulieren. So wurde 1904 die Société de la Peau de l'Ours (Bärenfellgesellschaft) zu dem Zweck gegründet, ausschließlich in Werke der neuen Kunst zu investieren und sie nach Ablauf von zehn Jahren wieder zu verkaufen. (Der Name der Gesellschaft war von La Fontaines Fabel entlehnt, in der zwei Jäger das Fell eines Bären verkaufen, noch bevor sie – erfolglos – versuchen, das Tier zu fangen. Doch anders als die glücklosen Jäger erzielte die Gesellschaft mit dem Verkauf ihrer Sammlung im Jahr 1914 einen ansehnlichen Gewinn.) Um 1909 war der Markt für zeitgenössische Kunst vital genug, um einen neuen Kunsthändlertyp zu ermöglichen. Kahnweiler, der seine Galerie 1907 eröffnet hatte, begann zwei Jahre später, seine Ankäufe auf Werke von vier oder fünf Künstlern zu beschränken, hauptsächlich nur auf die von zweien: Braque und Picasso. Ab dem Frühjahr 1909 kaufte er fast alles, was sie malten – ein Entschluss, der zugleich ein großes Wagnis darstellte und ein Beweis seines Vertrauens in ihre großartigen kubistischen Gemälde, die zu dieser Zeit entstanden.

Ein weiterer Faktor war das Wachstum der Konsumkultur in Paris, deren Zentrum die rasch expandierenden Kaufhäuser bildeten, und die Einführung moderner Werbetechniken. Die Zeitungen boten immer größeren Raum für Anzeigen, in der Stadt und den umliegenden Orten wurden allerorts Plakatwände aufgestellt, und überall in Frankreich, wie auch in anderen Ländern, wurden die Menschen in allen Medien mit den Superlativen der Werbung bombardiert. Das im Februar 1909 auf der Titelseite des *Figaro* abgedruckte *Manifest des Futurismus* des italienischen Dichters Filippo Tommaso Marinetti signalisierte, dass nun auch Künstler sich diese Techniken aneigneten, wofür ein Kritiker – unvermeidlich – den Begriff »futuristische Reklame« erfand. In der Folgezeit gewöhnte das Pariser Salon- und Galeriepublikum sich daran, dass neue Kunst in der gleichen Weise präsentiert wurde wie neu erfundene Gebrauchsgegenstände, während Künstler ohne Galeristen und Autoren ohne Verleger Manifeste schrieben, Bewegungen proklamierten und Zeitschriften gründeten, um sich auf diese Weise im Wettlauf um den Ruhm nach vorn zu kämpfen.

In der Dritten Republik wurde auch die Veränderung des politischen Klimas spürbar: Das neue Jahrhundert begann in einem Geist der Kollaboration zwischen liberalen Künstlern und Intellektuellen auf der einen Seite und der politischen

Linken – einschließlich der Arbeiterklasse – auf der anderen. Sie gründete auf und wurde symbolisiert durch den so genannten Linksblock, eine Koalition von Sozialisten und radikaler Partei, die der Mitte-Links-Allianz im Parlament eine regierungsfähige Mehrheit verschaffte. Doch sie reichte weit über die Regierungspolitik hinaus in den Bereich der Kultur, wo sie den Glauben an einen progressiven sozialen Zweck der Kunst förderte und wo einige Initiativen entstanden, die diesen Zweck unterstützten: künstlerische Werk- und Studienkreise, Abendkurse und so fort. Als der Linksblock 1905/06 unter dem Druck des wachsenden Nationalismus nach der ersten Marokkokrise 1905 und der Proteste aus der Arbeiterklasse gegen die Ineffizienz des parlamentarischen Sozialismus zerbrach, wurde auch diese Form der Kollaboration zwischen den Klassen großenteils aufgegeben. Die politisch organisierte Arbeiterklasse verschanzte sich hinter der Gewerkschaftsbewegung, und ihre ehemaligen intellektuellen und künstlerischen Mitstreiter ersetzten umgekehrt gesellschaftliche durch ästhetische Militanz und proklamierten künstlerischen Elitismus statt politischer Solidarität.

Das Wort »Avantgarde« wurde vermutlich zu dieser Zeit erstmals für – und von – künstlerischen Gruppen verwendet, die sich von orthodoxeren Künstlern und Stilen zu unterscheiden suchten. Auf einer bestimmten Ebene war es so etwas wie ein Mitgliedsabzeichen, der Ausdruck für ein Gefühl der kollektiven Identität der Künstler, die sich von der etablierten Gesellschaft und/oder ihren kulturellen Institutionen entfremdet und ins Abseits gedrängt fühlten, aber auch der Ausdruck eines Engagements für ästhetische Innovationen, das ihren ehemaligen sozialen Aktivismus ersetzte. Auf einer anderen Ebene stand es für die Palette der publizitätsträchtigen Strategien und Methoden, die einem Künstler oder einer ästhetischen Neuerung dazu verhelfen sollten, sich von den vielen anderen zu unterscheiden, die auf denselben Markt drängten. Auf einer dritten Ebene bezeichnete es eine allgemeine Verpflichtung auf die Idee des Fortschritts in der Kunst, den Glauben, dass nur neue ästhetische Ideen und Techniken in der Lage seien, die Erfahrung der Moderne adäquat darzustellen. Auf all diesen Ebenen stellte die Bezeichnung »Avantgarde« ein signifikanter Faktor für die Entstehung und weitere Entwicklung des Kubismus dar.

So war *Les Demoiselles d'Avignon* unter anderem ein Resultat von Picassos tief empfundener Überzeugung von der Notwendigkeit, die formalen Konventionen der Malerei zu reformieren und ihre Ausdrucksmöglichkeiten zu erweitern. Ein Ausgangspunkt waren für ihn dabei Cézannes Bemühungen, eine Form der Malerei zu entwickeln, die die komplexen Prozesse der bildlichen Repräsentation aufdecken oder zumindest für den forschenden Betrachter einsichtig machen sollte. Von besonderer Wichtigkeit war in dieser Hinsicht Cézannes große Serie der Bilder von *Badenden,* in denen er die Verhältnisse von Farbe und Linie, Figur und Grund, Masse und Ebene so orchestrierte, dass sie sowohl die zeitlose Monumentalität der voluminösen Aktfiguren als auch die Mittel ihrer bildlichen Konstruktion betonen (Abb. 6). Picassos Gemälde – vollendet ein Jahr nach Cézannes Tod, zu einem Zeitpunkt, als dessen Ruhm einen neuen Gipfel erreichte, wie die große Retrospektive während des Herbstsalons 1907 bestätigte – war charakteristischerweise keine Hommage an den »Meister von Aix«, sondern vielmehr eine Herausforderung. Insbesondere die abrupten Wechsel in der Art der Darstellung der fünf Aktfiguren und die gewaltsame Verzerrung (und Verdrehung) der hockenden Figur im rechten unteren Bildteil bekundeten Anerkennung, übten aber auch Kritik an Cézannes sorgfältigen Bemühungen, das Nebeneinander verschiedener Perspektivenschemas mit den Anforderungen der Wahrscheinlichkeit und der bildlichen Harmonie zu versöhnen. Obwohl sie wie ein direktes Zitat der sitzenden Figur in Cézannes *Drei Badende* (Abb. 7) erscheint, lässt diese hockende Figur beide Anforderungen völlig unberücksichtigt, und das Unverwandte ihres Blicks bot den Betrachtern die irritierendste Konfrontation seit Manets *Olympia* mehr als vierzig Jahre zuvor.

Doch gab es für Picasso auch andere, unmittelbarere Konkurrenten als Cézanne oder Manet. Im selben Jahr 1907 stellte Henri Matisse im Salon des Indépendants seinen *Blauen Akt (»Souvenir de Biskra«)* aus und André Derain ein mit *Badende* betiteltes Gemälde; beide waren ebenfalls 1907 gemalt worden (Abb. 8, 9). Sie zeigten einen deutlichen Bezug zu Cézannes großen Figurenkompositionen – Matisse besaß zu dieser Zeit die *Drei Badenden* –, beide bedeuteten aber auch eine bemerkenswerte Entwicklung über Cézannes klassischen Bezugsrahmen hinaus, indem sie sich auf nicht europäische und speziell auf afrikanische Modelle stützten. Und das nicht nur

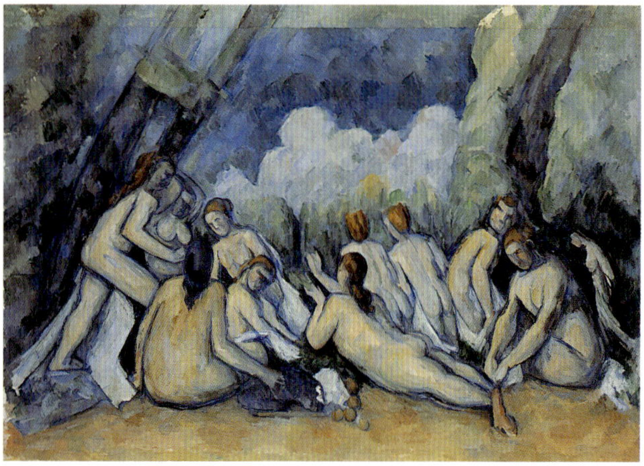

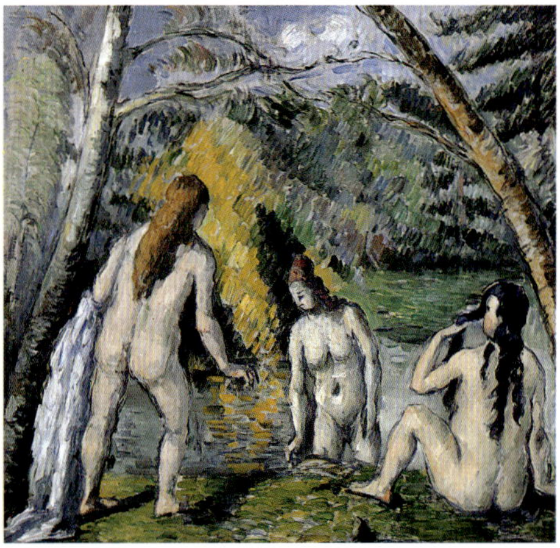

explizit wie bei Matisse (die Oase Biskra in Algerien war damals ein militärischer Außenposten am Rand der Sahara mit beginnendem Touristenverkehr, den Matisse im Jahr zuvor besucht hatte), sondern auch implizit. Obwohl die Figuren in beiden Gemälden ähnlich wie klassische Skulpturen posierten (und der *Blaue Akt* auch an die zentrale Figur in Matisse' idyllischem Gemälde *Lebensfreude* von 1905/06 erinnerte), signalisierten ihre physischen Züge eindeutig etwas Afrikanisches. Für Europäer wie Matisse und Derain – und natürlich auch Picasso – stand diese Eigenschaft für eine »Andersartigkeit«, die sie zugleich faszinierte und erschreckte.

Wie Paul Gauguin und die »Japonisten« eine Generation zuvor versuchten diese Avantgardekünstler, eine neue ästhetische Vision zu etablieren, indem sie weit außerhalb des alten Europas nach Beispielen einer bildlichen oder skulpturalen Darstellung suchten, die sie gegen die hohle Virtuosität des akademischen Naturalismus und des sentimentalen Impressionismus, die damals in den Salons dominierten, ins Feld führen konnten. Kunstgegenstände aus Zentral- und Westafrika strömten in dieser Zeit in die ethnografischen Museen der europäischen Metro-

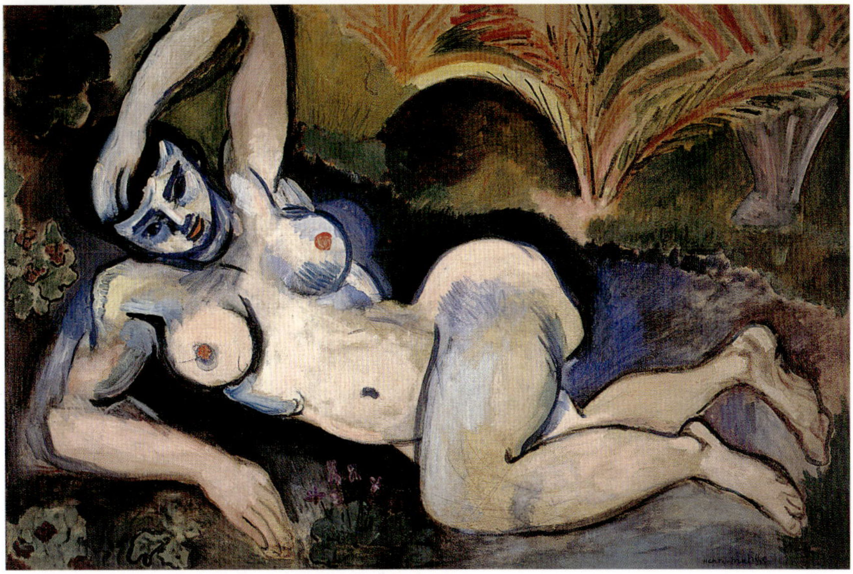

6 (ganz links)
PAUL CÉZANNE
Badende 1898–1905
Öl auf Leinwand
127,2 x 196,1 cm
National Gallery, London

7 (links)
PAUL CÉZANNE
Drei Badende
1879–1882
Öl auf Leinwand
52 x 55 cm
Musée du Petit Palais de la Ville de Paris

8
HENRI MATISSE
Blauer Akt (»Souvenir de Biskra«) 1907
Öl auf Leinwand
92,1 x 140,4 cm
The Baltimore Museum of Art, The Cone Collection, gegründet von Dr. Claribel Cone und Miss Etta Cone aus Baltimore, Maryland

9
ANDRÉ DERAIN
Badende 1907
Öl auf Leinwand
132,1 x 195 cm
The Museum of Modern Art, New York, William S. Paley und Abby Aldrich Rockefeller Funds

polen (als Beutestücke des furchtbaren und rücksichtslosen Wettlaufs um imperialen Besitz in Territorien wie Dahomey oder dem Kongobecken; Abb. 10). Sie wirkten verlockend exotisch und primitiv – aus jener dominanten kolonialistischen und rassistischen Perspektive gesehen, die alle nicht westlichen Gesellschaften zugleich als das Gegenteil Europas und als Abbilder von Europas vergangener Kindheit betrachteten: nicht durch Vernunft und wissenschaftliches Verständnis diszipliniert, im Bann abergläubischer Vorstellungen und einer ungezügelten Sexualität, die die westliche Zivilisation in Schranken zu halten gelernt hatte. Wenn diese Triebbeherrschung und Vernunft die Überlegenheit der Europäer auswiesen, so hatten sie doch ihre Grenzen; und in dem Jahrzehnt vor dem Ersten

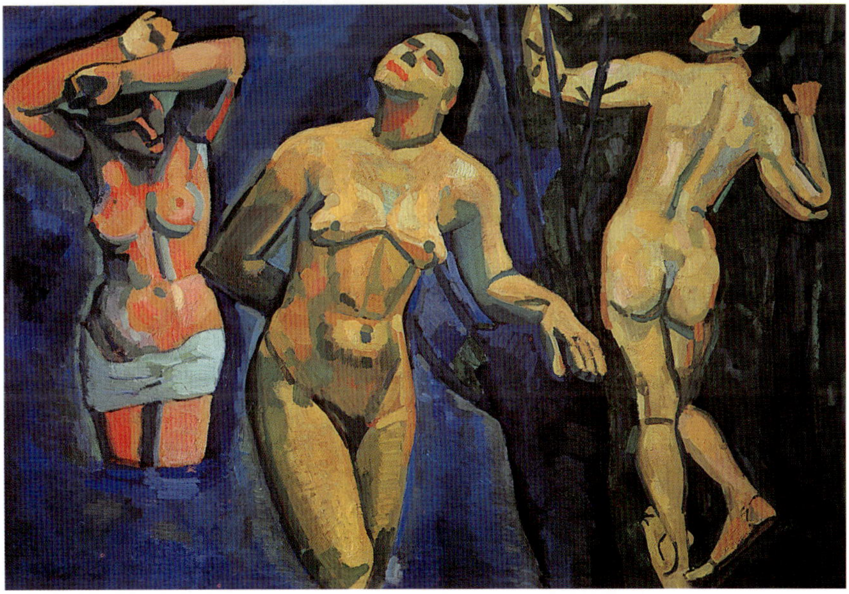

Weltkrieg wurden nicht westliche Kulturen, insbesondere der »Orientalismus«, in der modischen Pariser Gesellschaft zum Zeichen für einen hedonistischen, aber gefährlichen Exzess. Die berühmtesten Vehikel für derartige Fantasien waren die spektakulären Aufführungen von Sergei Diaghilews Ballets Russes, wie *Kleopatra* (1909) oder *Scheherazade* (1910). Schwarzafrika südlich der Sahara spielte jedoch eine besondere Rolle. Im Gegensatz zu den Ländern, deren Kulturen den Mythos des Orientalismus nährten, war es noch nicht in das französische beziehungsweise europäische koloniale System assimiliert, und Geschichten von primitiven und fremdartigen Bräuchen der Afrikaner, erzählt von denjenigen, die die Unterwerfung Afrikas im Namen Frankreichs (oder Belgiens oder Englands) betrieben, dienten einerseits dazu, das Stereotyp von den »wilden« Afrikanern zu bekräftigen – und damit ihre Unterwerfung zu rechtfertigen –, während sie andererseits die Faszination des »schwarzen Kontinents« aus europäischer Sicht erhöhten.

Wie die Bilder von Matisse und Derain erkennen lassen, hatte diese Faszination einen deutlich sexuellen Aspekt – jedenfalls für männliche Europäer: Die »Andersartigkeit« des Afrikanischen wurde – ebenso wie der Orientalismus – trotz aller »wilden« Elemente typischerweise mit Weiblichkeit und Erotik besetzt. Die linke Satirezeitschrift *L'Assiette au beurre* brachte dies auf den Punkt, als sie im selben Jahr, in dem Matisse seinen *Blauen Akt* malte, mit beißendem Spott bemerkte, dass die brutale Eroberung Marokkos und die anschließende rasche Vermehrung der Bordelle bewiesen, dass »die Prinzipien der friedlichen Penetration und der offenen Tür« von den französischen Kolonisatoren strikt beachtet wurden. In diesem Umfeld gelang es Matisse in seinem Gemälde, einerseits der afrikanistischen Fantasie eine ästhetische Legitimation zu verleihen, andererseits das erschöpfte Motiv der Odaliske mit dem brisanten Exotismus des Afrikanischen neu zu beleben.

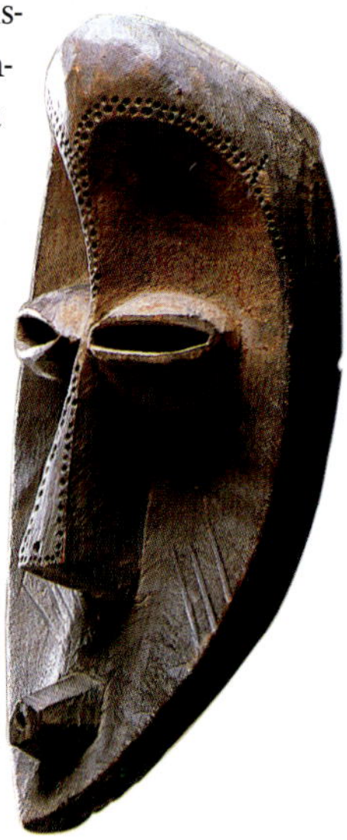

Les Demoiselles d'Avignon war, unter anderem, Picassos Antwort auf diese beiden Aspekte von Matisse' Leistung. Er kannte Matisse seit dem kontroversen Auftritt der Fauvisten auf dem Salon d'Automne 1905 und war ihm im folgenden Jahr bei Gertrude Stein mit einigem Misstrauen begegnet; die wechselseitige Anerkennung ihrer sehr unterschiedlichen Fähigkeiten erzeugte sofort eine heftige, wenn auch unterschwellige Rivalität, und von da an verfolgten sie beide mit obsessivem Interesse die Malerei des anderen. Picasso, der das *Demoiselles*-Projekt schon in Angriff genommen hatte (wie die außerordentlich große Zahl der Vorstudien zeigt, war es das bei weitem ambitionierteste Werk seiner bisherigen Laufbahn), begriff Matisse' Gemälde als eine Provokation, nicht nur in seiner stilistischen Kühnheit, sondern auch in dem offenen Bezug auf »Afrika« – und, was vielleicht nicht weniger bedeutend war, im Kontext eines publizitätsträchtigen Avantgardismus angesichts der lautstarken Empörung, die es bei der Ausstellung erregte. Picasso reagierte offenbar hierauf, indem er beschloss, in der Aneignung afrikanischer kultureller Modelle über Matisse hinauszugehen, und seine Kenntnisse über afrikanische und andere nicht westliche Kunstgegenstände im Pariser Trocadéro-Museum vertiefte. Zwar hatte er schon Ende 1906 in Matisse' Atelier und

10
Babangi-Maske aus dem Kongo
Musée Barbier-Mueller, Genf

auch bei Derain und Maurice de Vlaminck afrikanische Masken und Figuren gesehen, doch bis zur Begegnung mit dem *Blauen Akt* und den darauf folgenden Museumsbesuchen hatte er kein merkliches Interesse an dem schwarzen Kontinent und an der Aneignung afrikanischer kultureller Formen gezeigt. Im Sommer 1907 holte er dies nach, und so kam er dazu, die vorgeblichen magischen oder fetischistischen Bedeutungen der afrikanischen Masken und Figuren für das einzuspannen, was er später »mein erstes exorzistisches Bild« nannte.

Wie die Gemälde von Matisse und Derain zeigt auch *Les Demoiselles* eine »Andersartigkeit«, die sich als Amalgam von Geschlecht und Rasse präsentiert. Doch wo die anderen Künstler eine »gefahrlose, männlich beherrschte Pornotopie« konstruierten, deren Schauder des »Barbarischen« für das zeitgenössische Publikum durch klassische Bezüge und pastorale Schauplätze gemildert war, wie die Kunsthistorikerin Anna Chave bemerkte, erschuf Picasso »eine bedrohliche maskuline Dystopie, angesiedelt in einem Paris, in das abrupt schwarzafrikanische Elemente einbrechen«. Wenn ihre Invasion auch einen erheblichen Anteil an dem aggressiven und verstörenden Eindruck hat, den das Bild erzeugt, so entsteht er doch an erster Stelle aus der sexuellen Spannung; letztlich allerdings sind beide untrennbar miteinander verflochten. Für Sigmund Freud waren weiße Frauen der »schwarze Kontinent«, und viele Männer seiner Generation hätten dieser Metapher zugestimmt, die das Geheimnisvolle, aber auch das Bedrohliche zum Ausdruck brachte, das Frauen für ihr männliches Weltverständnis bedeuteten und das in den Jahren um 1900 in vielen europäischen Gesellschaften eine Krise des männlichen Selbstverständnisses auslöste.

Um die Jahrhundertwende erhoben Frauen in Europa und Nordamerika Anspruch auf neue Möglichkeiten, die die liberalen kapitalistischen Gesellschaften boten: soziale Mobilität, demokratische Bürgerrechte, bessere Bildungs- und Berufschancen; in Frankreich erlangten sie eine gewisse Gleichstellung in den bürgerlichen Berufen, in der proletarischen Arbeiterschaft und teilweise auch in rechtlicher Hinsicht (nicht aber das Wahlrecht). Männer aus allen gesellschaftlichen Schichten und mit allen politischen Überzeugungen reagierten darauf, indem sie einerseits die ausschließlich häusliche und mütterliche Rolle der Frauen betonten (und komplizierte Theorien entwickelten, um zu belegen, dass diese Rolle biologisch determiniert sei), andererseits exklusiv männliche Kulturformen und Freizeitaktivitäten hochhielten – von antifeministischen Traktaten, Romanen und Theaterstücken bis zu Mannschaftssportarten wie Fußball und Rugby, die ein Nimbus der Stärke umgab. Die künstlerischen Avantgarden bildeten hier keine Ausnahme, wie die Kunsthistorikerin Carol Duncan in einem wegweisenden Artikel feststellte: »Aus diesem Jahrzehnt [vor dem Ersten Weltkrieg] datiert die Auffassung, dass die Quellen authentischer Kunst von den Strömen der männlichen Libidoenergie gespeist werden.« Gemeinsam definieren die Werke der Avantgardisten »einen neuen Künstlertyp: den erdigen, aber poetischen Mann, dessen Leben von seinen instinktiven Bedürfnissen strukturiert wird«. Die Ablehnung des bürgerlichen sozialen Habitus, die den »bohemistischen« Lebensstil der Avantgardekünstler charakterisierte, fand so ihre Kehrseite in einer Rückkehr zu vorbürgerlichen Geschlechterverhältnissen und in dem Ausschluss von Frauen als gleichberechtigte Partner aus dem kollektiven Unterfangen der Avantgarde. Mehr als alles andere, schreibt Duncan, »beschreibt und verherrlicht die Kunst dieses Jahrzehnts das Einzigartige im Leben des Künstlers – sein Atelier, seine avantgardistischen Freunde, seine besondere Wahrnehmung der Natur, die Straßen, durch die er geht, die Cafés, die er besucht«.

So war es auch charakteristisch für die Vorkriegsavantgarden und für deren Prototyp Picasso, dass der nächste Schritt in seiner Karriere nach *Les Demoiselles d'Avignon* ein Gemeinschaftsprojekt war. Er begann dieses außerordentliche, sieben Jahre währende Abenteuer, in dessen Verlauf viele der charakteristischen Merkmale des Kubismus erarbeitet wurden und die meisten der kubistischen Meisterwerke entstanden, mit der Unterstützung einer kleinen Gruppe von Freunden – darunter die Dichter Guillaume Apollinaire, André Salmon und Max Jacob – und in enger Partnerschaft mit einem anderen Künstler: Georges Braque. Beide beschrieben ihre Beziehung später in denkwürdigen Worten: Braque meinte, sie wären wie zwei aneinander geseilte Bergsteiger gewesen; Picasso sagte über Braque: »Er war meine Frau.« Beide Metaphern bezeichnen, wie eng ihre Zusammenarbeit war, die zwischenzeitlich in den Jahren 1911/12 so weit ging, dass sie ihre individuellen Persönlichkeiten ganz in der gemeinsamen Erforschung neuer Darstellungstechniken aufgehen ließen, nahezu identische Bilder malten und sie nicht signierten. Doch keine der beiden Metaphern erfasst den Geist der Rivalität, der mit ihrer Partnerschaft einherging und den alltäglichen Dialog zwischen ihnen über fast vier Jahre, von 1909 bis 1912, antrieb.

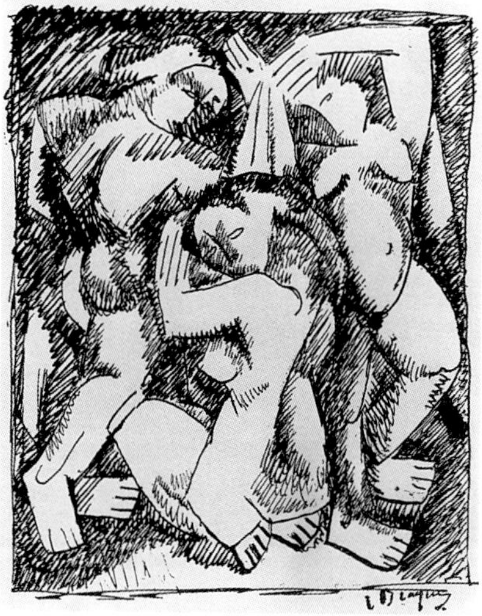

Dieser Dialog begann langsam. Braque, der die Lektion der *Demoiselles* schneller begriffen hatte als die meisten anderen, machte Ende 1907 eine Zeichnung mit *Drei Akten,* von denen zwei recht genau nach Picassos Gemälde kopiert waren, und die Gesamtkomposition folgte Picasso in dem Versuch, Oberfläche und Tiefe so ineinander greifen zu lassen, dass fast schon die skulpturale Illusion eines Flachreliefs entsteht. Als Nächstes verarbeitete er eine Einzelfigur aus dieser Zeichnung in dem Gemälde *Großer Akt,* das er rechtzeitig zum Salon des Indépendants im Frühjahr 1908 vollendete (Abb. 11, 12). Weniger erfolgreich als die Zeichnung in dem Bemühen, die radikale Flachheit und die Verzerrung der Figuren der *Demoiselles* nachzubilden, wirkt dieses Gemälde eher zaghaft; die überraschende Kombination von Vorder- und Rückenansicht der Figur steht in einem nicht eben überzeugenden Kontrast zu dem mehr oder weniger konventionellen Raum um die Figur herum. Ebenso wie bei Picasso ist auch hier der Einfluss von Cézanne deutlich spürbar. Doch anders als Picasso ging es Braque nicht um eine Herausforderung, sondern darum, was er von Cézanne lernen konnte. So unterscheiden die beiden Gemälde sich unter anderem in der Art, wie sie ein Schlüsselelement von Cézannes Malweise übernehmen, eine »Passage« genannte Technik: das Malen mit parallelen, kurzen, schraffurartigen Pinselstrichen, oft in rautenförmigen Flächenstücken, um den Übergang vom flachen zum tiefen Raum in einem Bild zu glätten oder die Umrisse an der Grenze zwischen Objekt und Raum, Figur und Grund aufzuweichen (wie zum Beispiel bei den *Badenden* der National Gallery in der Umgebung der Köpfe der Figuren in der Bildmitte und an der rechten

Seite). Bei Picasso springen die Passagestellen teilweise gerade wegen ihrer Maltechnik in die Augen; so lässt sich beispielsweise bei den *Demoiselles* eine schraffierte rautenförmige Fläche im Brustbereich der Figur oben rechts anatomisch und zugleich auch als willkürliche Schattierung auffassen. Braque dagegen ver-

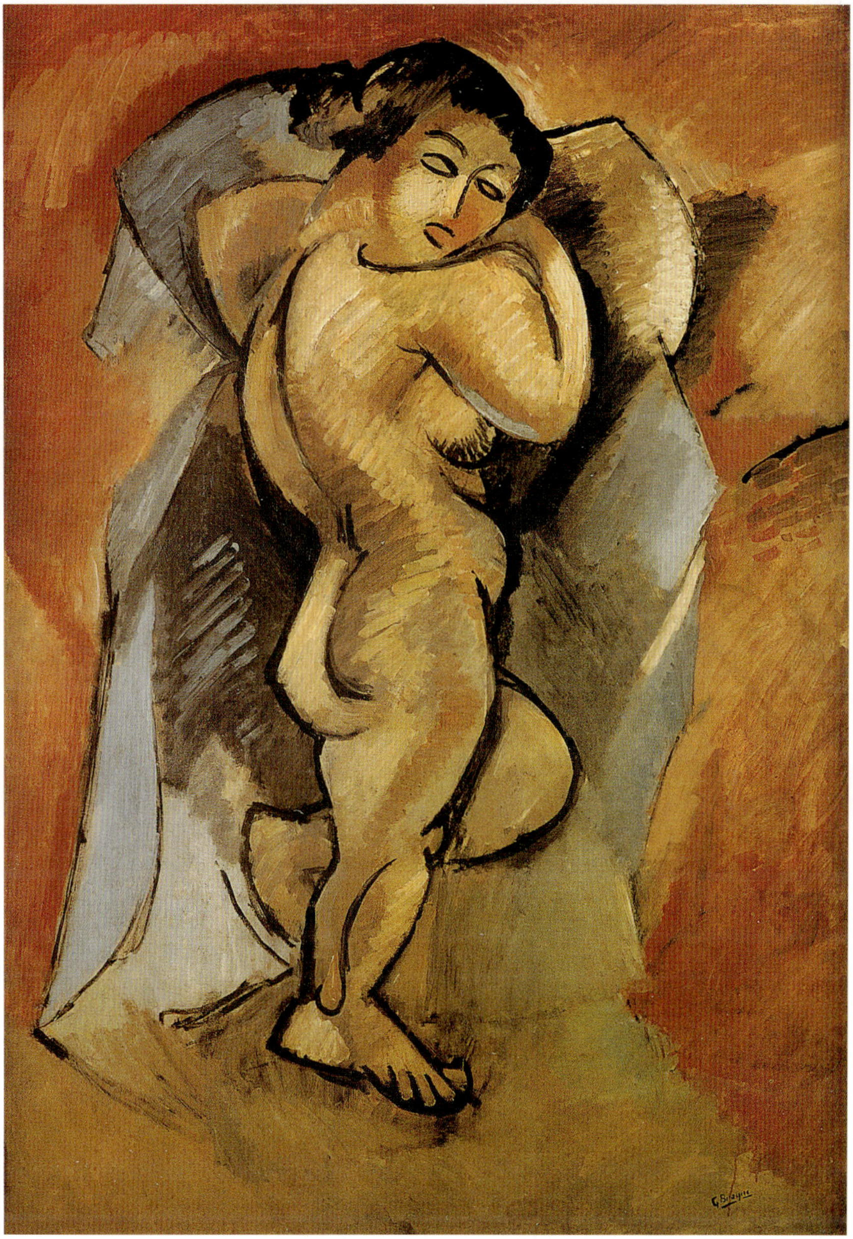

11
GEORGES BRAQUE
Drei Akte 1907
Tinte auf Papier
Abbildung aus
Architectural Record,
Mai 1910, British Architectural Library,
RIBA, London

12
GEORGES BRAQUE
Großer Akt 1908
Öl auf Leinwand
140 x 100 cm
Sammlung Alex
Maguy, Paris

wendet diese Technik eher in der Art Cézannes; in seinem *Großen Akt* dienen Passageflächen dazu, zwischen der Figur und dem umgebenden Raum zu vermitteln, während sie zugleich die kompromisslos flachen Formen von Picassos Gemälde imitieren.

Auf diesem Gebiet kamen die beiden Künstler sich im Laufe der nächsten zwei Jahre stetig näher. Picasso, gewillt, die Fallstricke sowohl der orthodoxen Formeln der gängigen künstlerischen Praktiken als auch seiner eigenen einzigartigen Leichthändigkeit zu vermeiden, studierte Beispiele marginalisierter und gering geschätzter Kunst (nicht nur die afrikanischen Masken und Figuren, sondern auch die Malerei eigenständiger Autodidakten wie Henri Rousseau) auf der Suche nach einem Formenvokabular, das es ihm ermöglichte, seine Gefühle über seine sexuelle und künstlerische Identität auszudrücken – und zu exorzieren; doch er kam immer wieder zurück zu Cézanne. Und Braque, der mit den formalen Implikationen der *Demoiselles* rang, fand einerseits, dass sie den Weg über Cézanne hinaus zu einer radikal selbstbezüglichen Art der Malerei wiesen, die die Konventionen der illusionistischen Darstellung sozusagen in den Mittelpunkt des Bildes rückte, und andererseits, dass Cézannes Methode einen Rettungsanker gegen die Schwindel erregende Grenzenlosigkeit von Picassos Ikonoklasmus bot. Die Unterschiede und die Ähnlichkeiten zeigen sich in einem Vergleich zweier Gemälde vom August 1908: Braques *Häuser in L'Estaque* und Picassos *Landhaus mit Bäumen* (Abb. 14, 15). Braques Gemälde von einem Ort, an dem Cézanne oft gemalt hatte, verweist in vielfacher Hinsicht auf den Meister von Aix: insbesondere in seinem Farbschema, aber auch in den geometrischen Vereinfachungen des Motivs und den schraffierten Pinselstrichen mit einzelnen Passageflächen. Doch anders als Cézanne treibt Braque die Verbindung unterschiedlicher Perspektiven bis zum offenen Widerspruch und unterstreicht dies zudem mit einer willkürlichen Verteilung von Licht und Schatten; Dachkanten treffen nicht genau auf die Wände unter ihnen, Räume und Objekte sind übergangen, Gebäude übereinander gestapelt wie Spielkarten, und die Landschaft ohne Horizont scheint zu einem flachreliefartigen Raum komprimiert. Picassos *Landhaus,* gemalt in La-Rue-des-Bois, einem kleinen Dorf in der Ile-de-France, ist in vielen Punkten vergleichbar: Sein Motiv ist identisch, die Farbpalette genauso eingeschränkt, Gebäude, Mauern und Bäume sind in Stil, Anordnung und der (willkürlichen) Verteilung von Licht und Schatten bemerkenswert ähnlich. Doch der räumliche Effekt unterscheidet sich stark von einem Flachrelief: Vielmehr hat Picasso das Nebeneinander unterschiedlicher Perspektiven so betont, die Gartenmauer so weit heruntergezogen und das Haus nach oben gerückt, dass zwischen ihnen ein weiter Raum klafft. In Anlehnung an Rousseaus scharfkantigen, die Flächen linear abgrenzenden Stil und seine volumetrischen Vereinfachungen (Abb. 13) betont Picasso jedes Element für sich – Volumen, Linien, Flächen, Licht und Schatten –, sogar auf Kosten der kompositorischen Einheit. Das Ergebnis mündet in eine Maximierung des dynamischen Bildeffekts.

Auch wenn die zunehmend intensivere Auseinandersetzung beider Künstler mit den Gemälden des jeweils anderen und mit Cézanne dazu führte, dass sie ihre Arbeitsweise veränderten – Braques *Großer Akt* war sein erstes ambitioniertes Figurengemälde, und Picasso malte in diesen Jahren mehr Landschaften als je zuvor –, blieben die Unterschiede dennoch deutlich. Braque malte nach wie vor gerne kleinformatige Landschaften und Stillleben, wie schon in seinen fauvistischen Jahren, während Picasso den *Demoiselles* weitere ambitionierte, großformatige Figurenprojekte folgen ließ. Obwohl Picasso als aufstrebender Star der Avantgarde seine Arbeiten nicht mehr zu den Salonausstellungen einreichte, malte er

13
HENRI ROUSSEAU
Frühlingslandschaft an den Ufern der Bièvre bei Bicêtre
Um 1904
Öl auf Leinwand
54,6 x 45,7 cm
The Metropolitan Museum of Art, New York, Schenkung Marshall Field, 1939

14
GEORGES BRAQUE
Häuser in L'Estaque
1908
Öl auf Leinwand
73 x 60 cm
Kunstmuseum Bern, Stiftung Hermann und Margrit Rupf

15
PABLO PICASSO
Landhaus mit Bäumen 1908
Öl auf Leinwand
92 x 73 cm
Staatliches Puschkin-Museum für Bildende Künste, Moskau

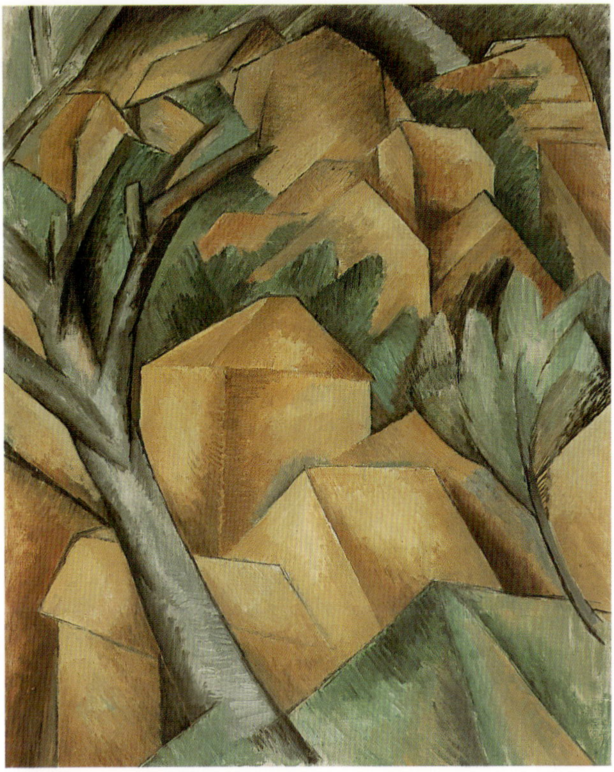

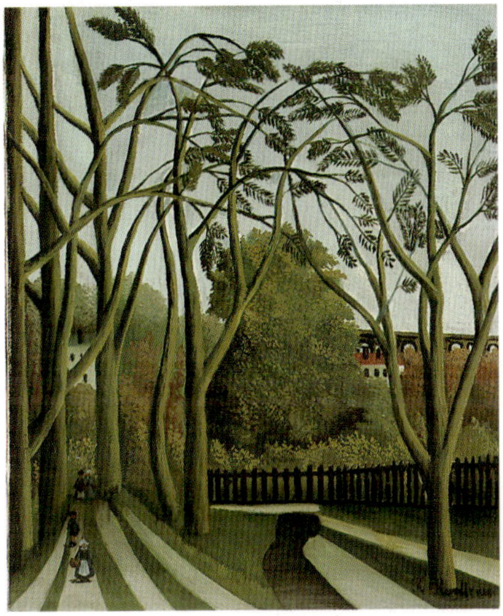

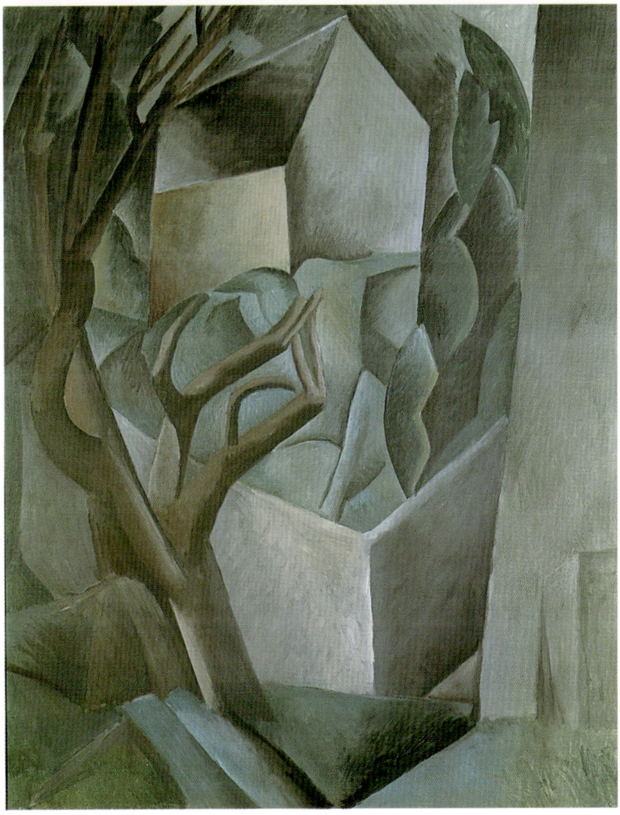

seine großen Bilder weiterhin nach einem »Salonrhythmus«, führte jedes Projekt durch eine Serie von Studien, deren gesammelte Schlussfolgerungen er dann auf das endgültige Gemälde übertrug. So entstand nach einer Serie von Arbeiten aus dem Winter 1907/08, die das Thema von Akten in einem Wald darstellten, in mehrmonatiger Arbeit und nach einer kompletten Übermalung das große Bild *Drei Frauen* (Abb. 16), das er Ende 1908 vollendete. Offensichtlich als Nachfolger der *Demoiselles* konzipiert, lässt dieses Gemälde auch Picassos Bemühungen erkennen,

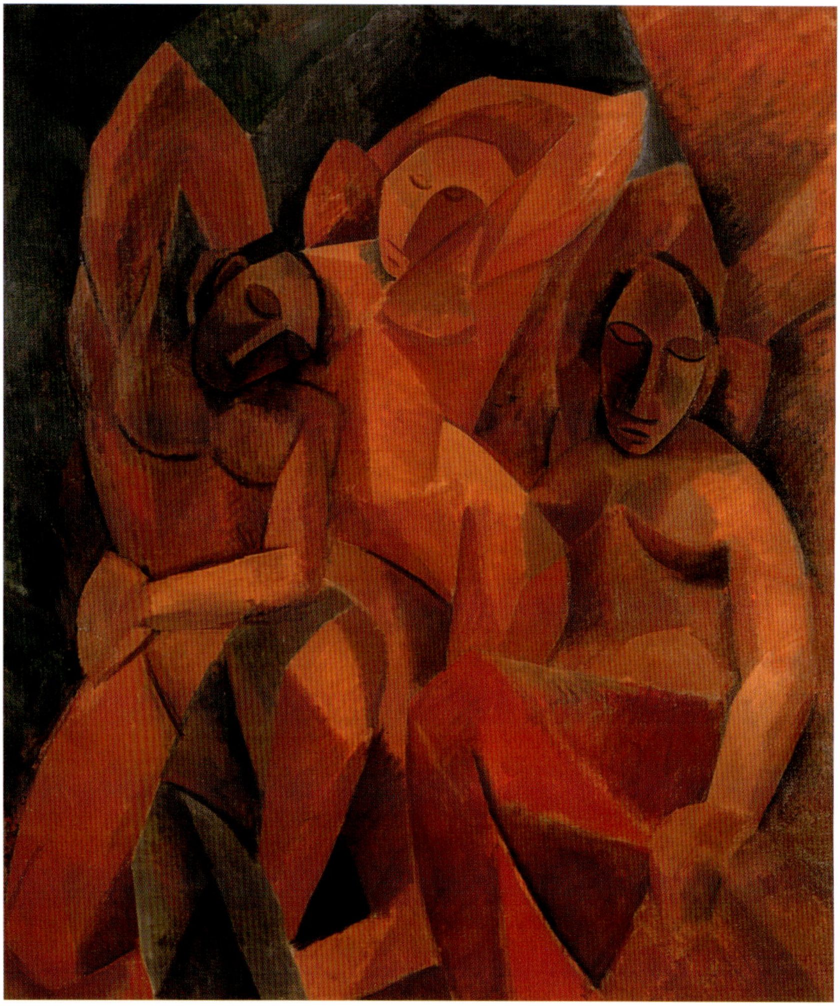

16
PABLO PICASSO
Drei Frauen 1907/08
Öl auf Leinwand
200 x 178 cm
Eremitage,
St. Petersburg

die Lektionen von Cézanne und den afrikanischen Masken zu verarbeiten und zu überwinden. Wenn auch monumental und meisterhaft, formal abgeklärter und zugleich radikaler, so blieb es doch für eine Reihe von Jahren die letzte Figurenkomposition, die Picasso fertig stellte, denn mitten in seinem nächsten Projekt veränderte sich seine Arbeitsweise abrupt.

Im Winter 1908/09 begann Picasso mit vorbereitenden Zeichnungen und Skizzen für ein großes Bild mit fünf Figuren, die in einem Café an einem Klapptisch sitzen, während eine sechste eine Schale mit Früchten serviert. Doch bevor es zur Vollendung gereift war, durchlief dieses Projekt mit dem vorläufigen Titel *Karneval im Bistro* eine bemerkenswerte Veränderung. Bis zum Frühjahr 1909 war aus ihm das Stillleben *Brot und Obstschale auf einem Tisch* geworden, in dem nur der Tisch geblieben war, während die Gegenstände auf dem Tisch – einige Brote, eine Obstschale, eine Serviette, eine umgestürzte Kaffeeschale – ein geisterhaftes Nachbild der Körper der verschwundenen Figuren formten (Abb. 17, 18). Für den Kunsthistoriker William Rubin stand dieser plötzliche entschiedene Richtungswechsel, den er als Übergang von einer »narrativen« zu einer »ikonischen« Malerei charakterisiert (vereinfacht gesagt, von Fragen der Identitäten und Beziehungen zu Fragen der Darstellung), in Zusammenhang mit Picassos intensivierter Auseinandersetzung mit jenen Problemen der Malerei, die Braque in seiner Beschäftigung mit Cézanne herausgearbeitet hatte, und der damit verbundenen Einsicht, dass die Ausführung komplexer Figurenkompositionen für diese Problemstellungen nicht nötig war. Aber sie stand auch in Zusammenhang mit einer grundlegenden Veränderung von Picassos materieller und beruflicher Situation.

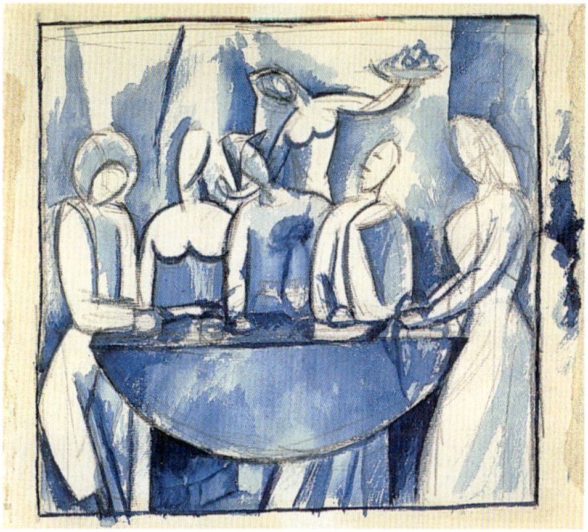

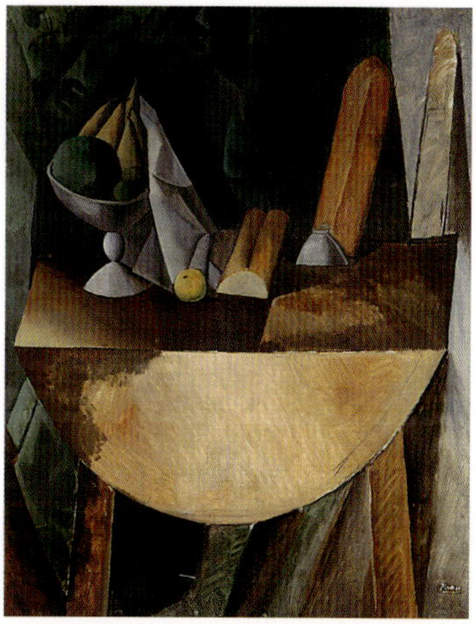

17
PABLO PICASSO
Studie für Karneval im Bistro 1908/09
Tinte und Bleistift auf Papier
24,1 x 27,4 cm
Musée Picasso, Paris

18
PABLO PICASSO
Brot und Obstschale auf einem Tisch
1908/09
Öl auf Leinwand
164 x 132,5 cm
Kunstmuseum Basel

Denn zu dieser Zeit begann der Kunsthändler Kahnweiler, die Auswahl seiner Ankäufe auf wenige Künstler einzuschränken, und er verpflichtete sich, Picasso und Braque jedes Bild, das sie malten, zu vorher festgelegten Preisen abzukaufen. Kahnweiler hatte zwei Gründe hierfür: Zum einen verfügte er über einen festen Stamm von Kunstsammlern, der, obwohl er zu der Zeit noch weniger als ein Dutzend Personen umfasste, kaufkräftig genug war, um dieses System zu tragen. Zum anderen waren auf dem wachsenden spekulativen Markt für neue Kunst die Aussichten insbesondere für Picassos Arbeiten sehr vielversprechend, obwohl sie so manchem durch seine eigenwilligen neuen Gemälde reduziert schienen – vielleicht auch gerade weil sie reduziert schienen. Denn die zögerliche Haltung anderer Käufer auf dem Markt eröffnete denjenigen Möglichkeiten, die bereit waren, Risiken einzugehen, was auf Kahnweiler zweifellos zutraf. Die Konsequenzen für Braque und Picasso waren nicht nur finanzieller Art; sie wurden auch in ihrer Überzeugung von der Wichtigkeit des künstlerischen Dialogs bestätigt, auf den sie sich eingelassen hatten. Für Picasso war dies sogar noch bedeutender, denn

Kahnweilers Unterstützung verdrängte den publizitätsträchtigen Avantgardismus aus der Reihe der Motivationen, die ihn zu den großformatigen Figurenkompositionsprojekten veranlasst hatten. Ab dem Frühjahr 1909 malte Picasso nicht mehr für ein mutmaßliches Salonpublikum, sondern für den kleinen Kreis derer, die schon Enthusiasmus, Geld oder beides in seine Malerei investiert hatten: für Braque, seine Dichterfreunde und Kahnweilers Sammlerkunden. Entsprechend veränderte sich seine Arbeitsweise: In den nächsten vier Jahren schritt er nicht von Projekt zu Projekt, sondern von Bild zu Bild in einem ausgedehnten Dialog mit Braque, in dem jedes Gemälde einen neuen Ausgangspunkt für ihre anhaltende Erforschung und Hinterfragung der Konventionen der illusionistischen Darstellungstechniken abgab. Das Ergebnis dieser Arbeitsweise waren Gemälde, die nur einem kleinen Kreis von Eingeweihten zugänglich waren, denn sie waren dicht,

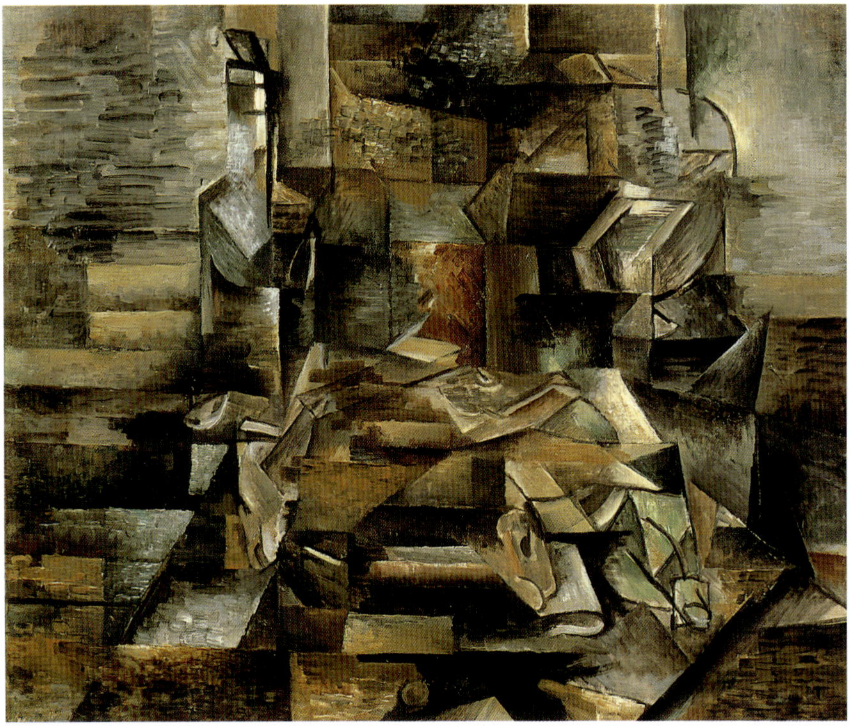

19
GEORGES BRAQUE
Flasche und Fische
1909
Öl auf Leinwand
61,6 x 74,9 cm
Tate, London

20
PABLO PICASSO
Der Frisiertisch 1910
Öl auf Leinwand
61 x 46 cm
The Collin Collection, New York

schwer verständlich und elliptisch in ihren wechselseitigen Verweisen (Abb. 19, 20). Diese so genannte »analytische« oder »hermetische« Phase des Kubismus von Picasso und Braque entstand also sowohl aus ihren kollektiven künstlerischen Experimenten als auch aus der Veränderung ihrer beruflichen Situation, in der ein privates Publikum an die Stelle einer mutmaßlichen Öffentlichkeit trat; auf einer fundamentaleren Ebene spiegelte sie aber auch das Wesen des allgemeinen Avantgardismus, dessen Entstehung ich eingangs skizzierte. Die Art, wie diese komplexen und geheimnisvollen Gemälde die Grundlagen der bildlichen Darstellung infrage stellten und ihre sprachliche und konventionsgebundene Beschaffenheit offenbarten, verdankte nicht nur vieles Cézanne, sondern auch dem symbolistischen Dichter Stéphane Mallarmé (1842–1898), der in seinen oft abstrusen und

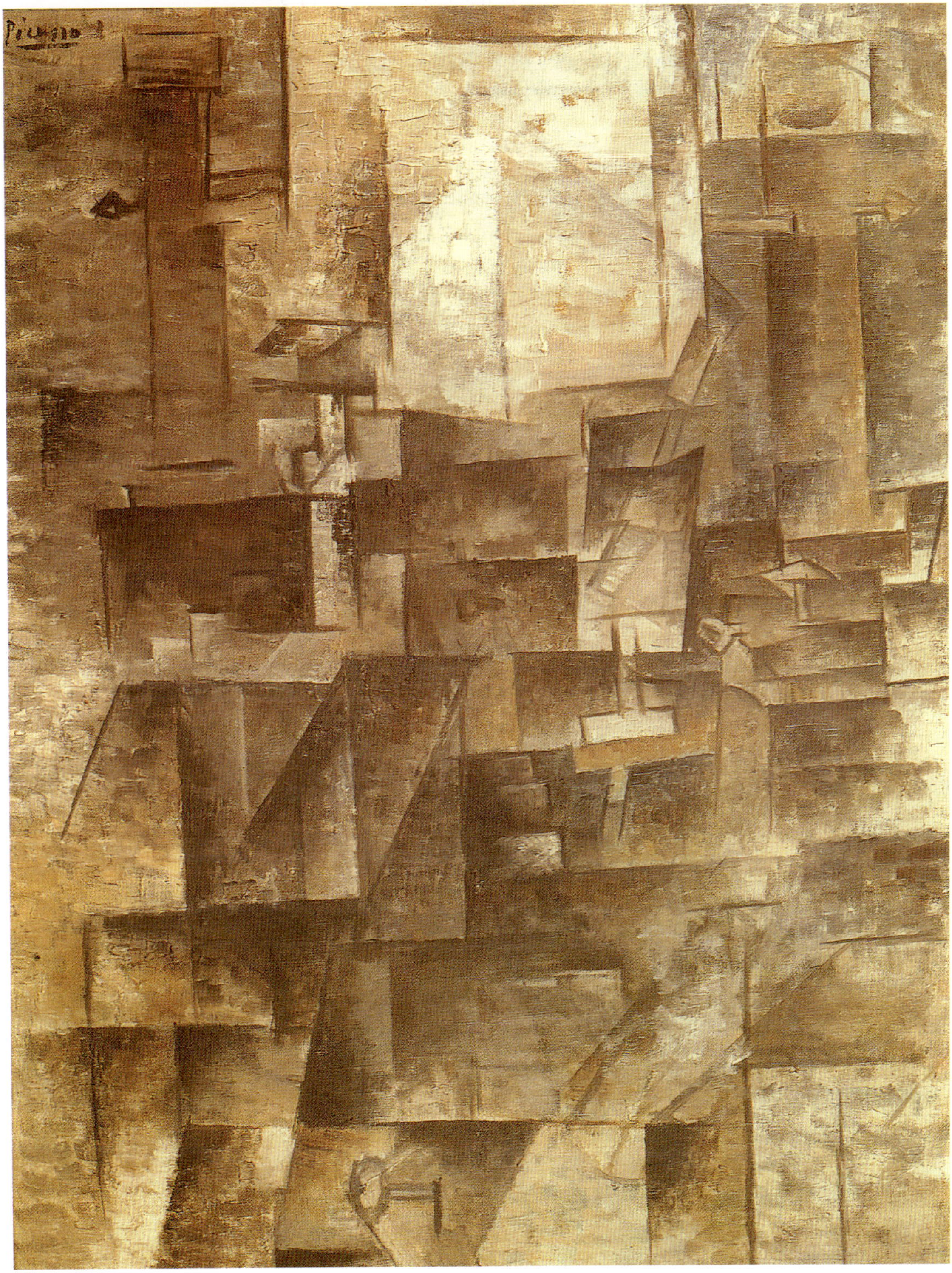

schwierigen Schriften darauf aus war, die Zaubermacht der Wörter oder, wie er sagte, die »Magie der Buchstaben« sichtbar zu machen. »Absichtsvoll das stumme Objekt zu evozieren, schattenhaft, mit Wörtern, die nie direkt, sondern stets nur Andeutung sind, von einer ebensolchen Stille gedämpft, verlangt eine Anspannung, die der Schöpfung nahe kommt«, schrieb er einmal – Zeilen, die wir auch als eine Erklärung des von Picasso 1910 gemalten Bildes *Der Frisiertisch* betrachten könnten (Abb. 20). Picasso teilte insbesondere Mallarmés Glauben an eine Realität jenseits des äußeren Anscheins, zu der der Künstler und der Dichter privilegierten Zugang haben. Nichts lag der damaligen französischen Gesellschaft, die voll auf einen besitzergreifenden und wissenschaftlichen Materialismus vertraute – der Auffassung, die Realität sei einzig das, was man mit Händen fassen kann –, ferner als dieser Ästhetizismus, der in den Jahren vor 1914 zu einem entscheidenden Zug der avantgardistischen Identität wurde.

Diese Identität erfuhr in dem Jahrzehnt vor dem Ersten Weltkrieg eine schärfere Abgrenzung, als der soziale Aktivismus, an dem sich in den Jahren des Linksblocks viele Künstler beteiligt hatten, von einer ästhetischen Militanz abgelöst wurde – eine Entwicklung, die sich unter anderem darin spiegelte, dass eine wachsende Zahl von jungen und/oder antiakademischen Künstlern zu gezielt publizitätsträchtigen Taktiken griff. Picassos Serie von großformatigen Figurenkompositionsprojekten stellte, wie schon gesagt, unter anderem eine derartige Taktik dar. Eine andere bestand in dem Versuch einer Gruppe von Künstlern, sich innerhalb der Salons ein distinktives Profil zu verschaffen. Außergewöhnlich erfolgreich waren in dieser Hinsicht Matisse, Derain und einige andere Maler von grellfarbigen, in einem freien Stil gemalten Bildern, die im Herbstsalon 1905 das zentrale Foyer der Ausstellungshallen für sich in Beschlag nehmen konnten und die als die »Wilden« – die »Fauves« – der zeitgenössischen Kunst zu notorischem Ruhm kamen. Noch notorischer wurde fünf Jahre später die öffentliche Lancierung des »Salonkubismus« betrieben. Zusammengeführt durch die Feststellung gemeinsamer ästhetischer Interessen, durch die Ähnlichkeit ihrer künstlerischen Positionen, die sich in ihren zum Herbstsalon 1910 eingereichten Bildern zeigte, und durch die Bemühungen der mit ihnen sympathisierenden Kritiker Guillaume Apollinaire und Roger Allard, beschlossen fünf Maler – Albert Gleizes, Henri Le Fauconnier, Jean Metzinger, Fernand Léger und Robert Delaunay –, die anders als Picasso und Braque keine feste Verbindung zu einer privaten Galerie hatten, ihre Arbeiten beim folgenden Salon des Indépendants im April 1911 gemeinsam auszustellen. Dazu musste zunächst mit der Regel des Salons, die (nicht jurierten) eingereichten Werke in strikt alphabetischer Ordnung zu hängen, gebrochen werden und der Gruppe dann ein hinreichend großer Raum zur alleinigen Nutzung zugeteilt werden. Dank einer sorgsam organisierten Kampagne konnten sie beides erreichen, und ihre Ausstellung-in-der-Ausstellung in Raum 41 wurde zu einem zugkräftigen Skandalerfolg.

Bei derartigen Taktiken ging es jedoch nicht nur darum, sich ins Bewusstsein des Publikums zu drängen, sie spielten auch eine wesentliche Rolle, um die Identität des Avantgardekünstlers zu etablieren. Zum einen erledigte sich mit ihnen die Frage der Geschlechter: Ein solches nach Aufmerksamkeit und Karriere trachtendes Verhalten war in den rückschrittlich sexistischen Kreisen der Avantgarden für Frauen genauso ausgeschlossen wie etwa die Zurschaustellung sexueller Lust. Es ist bezeichnend, dass Sonia Delaunay, die Ehefrau und künstlerische Partnerin von Robert Delaunay, in Raum 41 keinen Platz fand (tatsächlich gab sie in den Jahren, als er sich einen Namen machte, die Malerei praktisch auf und betätigte sich nur auf dem Gebiet der dekorativen Künste – ein Schritt, den wir in einem späteren Kapitel eingehender beleuchten werden). Zwar waren in Raum 41 auch zwei Künstlerinnen vertreten – Marie Laurencin und Maroussia Rabannikoff –, doch eher wegen des Drängens ihrer damaligen Lebensgefährten, Apollinaire und Le Fauconnier, als aufgrund einer sichtbaren Übereinstimmung zwischen ihren Gemälden und denen der anderen.

Überdies trugen diese Taktiken dazu bei, wesentliche Eigenschaften der solchermaßen inszenierten Kunst festzulegen: die Größe der Bilder, die die Salonkubisten malten, die Art, wie sie malten, und sogar das, was sie malten. Für Raum 41 malte jeder der fünf sein bis dahin größtes Bild (und stellte während der nächsten zwei Jahre in jedem folgenden Salon ein noch größeres Gemälde aus). Natürlich war schon seit Jahrhunderten bekannt, welchen Vorteil das Großformat für die Sichtbarkeit eines Bildes an einer dicht behängten Ausstellungswand bedeutet, doch das Format war zugleich auch eine Erklärung ernsthafter Absichten – wie es bei Picassos *Demoiselles* gewesen war –, insbesondere wenn es genutzt wurde, um ein offensichtlich ambitioniertes Sujet zu transportieren. Der weibliche Akt stellte ein solches Sujet dar, sowohl von der Tradition sanktioniert als auch im Anschluss an Cézanne zu einem Signal avantgardistischer Absichten (wie wohl auch von avantgardistischer Männlichkeit) erhoben. So war es kein Zufall, dass – wiederum wie Picasso – drei der Salonkubisten ihr Gruppendebüt mit weiblichen Akten bestritten. Der zur damaligen Zeit meistgerühmte war zweifellos Le Fauconniers *Überfluss* (Abb. 21). Bemerkenswerterweise, denn während das Gemälde aus heutiger Sicht eher wie eine schwerfällige und steife Behandlung eines durch und durch konventionellen Motivs wirkt, war dies in den Jahren vor 1914 das vielleicht bekannteste kubistische Gemälde, ausgestellt in zahlreichen Städten von Amsterdam bis Moskau, und sein Urheber galt für kurze Zeit als einer der radikalsten Maler ganz Europas. Dass es hierzu kam, lag zum Teil daran, dass das Gemälde bestimmte Themen artikulierte, die in den nächsten beiden Kapiteln ausführlicher zur Sprache kommen werden: die Bedeutung der klassischen Tradition sowie der mit ihr verbundenen Werte für die zeitgenössische Kultur und die Frage, wie – wenn überhaupt – sie mit den aufstrebenden Kräften und den Effekten der Modernisierung versöhnt werden könnten. Thematisch in der Tradition verankert, strebte Le Fauconniers Gemälde zugleich danach, dieser Tradition zu neuem Leben zu verhelfen, indem es die beiden Hauptfiguren, Mutter und Kind, in Verbindung mit den Früchten der Natur präsentierte – eine implizite Versinnbildlichung der vitalistischen Ideen des Philosophen Henri Bergson, dessen Theorie des Elan vital, des Lebenstriebs, in den Pariser literarischen und künstlerischen Zirkeln dieser Zeit sehr einflussreich war. Zudem versuchte der Maler, diesen Vitalismus zugleich ikonografisch und formal darzustellen, indem er nicht nur die Figuren, sondern die ganze Bildfläche passend zum Thema Fruchtbarkeit mit dicht aneinander gesetzten Volumen überzog, wofür er, wie Braque und Picasso in ihren Bildern von 1908, sich der Cézanneschen Malweise und der Technik der Passage bediente.

Die Entwicklung von Le Fauconniers Gemälde wurde von den übrigen Salonkubisten in ähnlicher Weise nachvollzogen, die seine formalen Motive in ihren

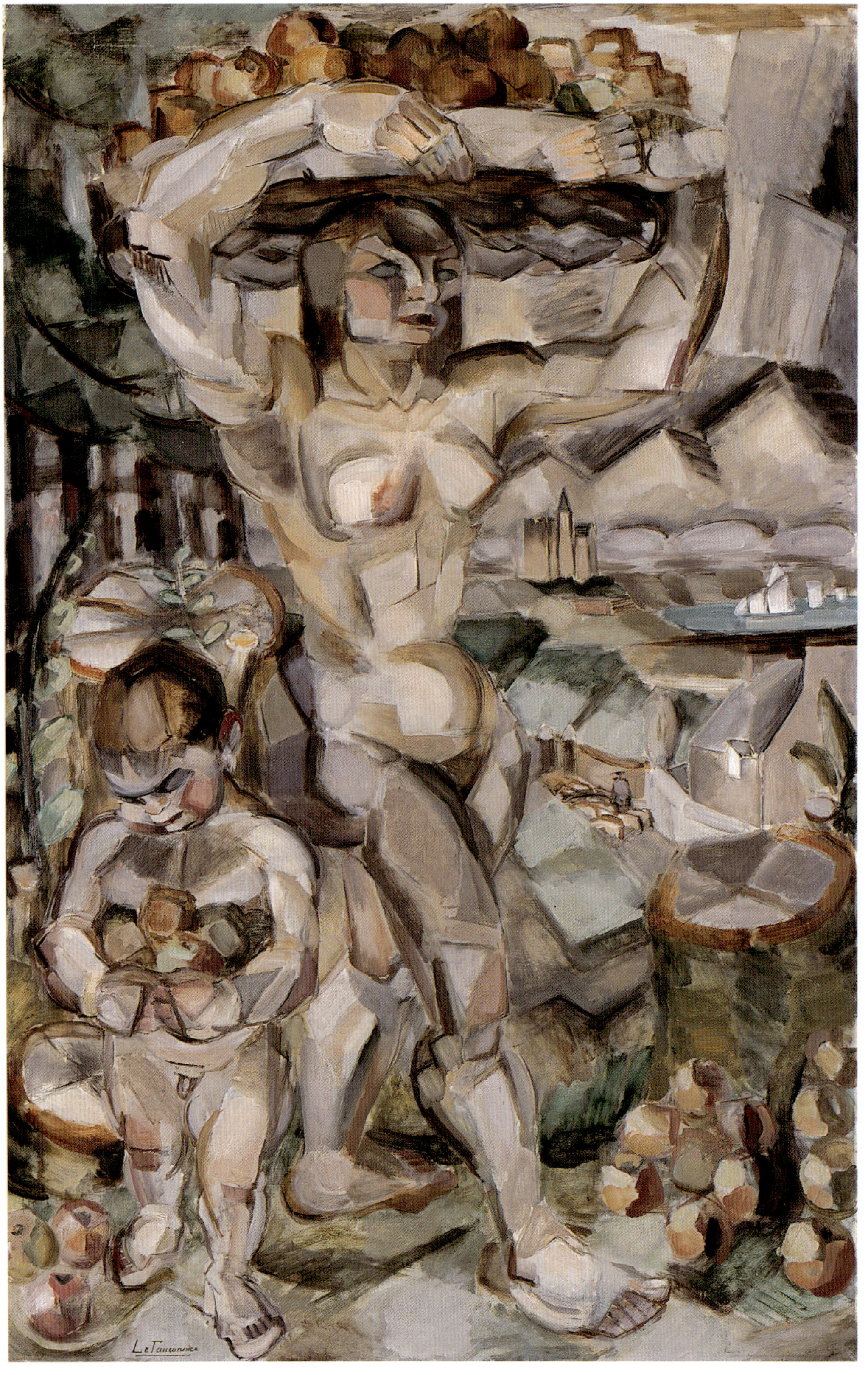
Le Fauconnier

eigenen Bildern in Raum 41 übernahmen – insbesondere Léger und Gleizes. Légers *Akte im Wald* (Abb. 22) war ein kompromisslos kühner, wenn auch nicht völlig kohärenter Versuch, das dynamische Potenzial von Le Fauconniers Technik zu maximieren. Gleizes' *Frau mit Phlox* (Abb. 23) strebte mit denselben volumetrischen und schwerfällig wirkenden malerischen Mitteln nach eher statischen und monumentalen Effekten. Ihr gemeinsames Interesse an diesen Stilmerkmalen – ein Eindruck der physischen Dichte, vermittelt durch die Fragmentierung der Gestalten in Formen, die gleichmäßig über die ganze Leinwand verteilt sind, geeint durch ein konsistent dunkles Farbschema, das helle und scharf kontrastierende Farbtöne vermied – hatte diese Künstler zusammengeführt, und es gab dem Salonkubismus in den Augen der Kritiker, die den Raum 41 sahen und darüber schrieben, seine distinktive Note. Die Überschneidung zwischen ihren Positionen und denen von Picasso und Braque zwei oder drei Jahre zuvor legte auch den Grundstein für die Erweiterung des Kubismus zu einer Bewegung, die sowohl die Galerie- als auch die Salonrichtung umfasste, und sie führte viele Kunsthistoriker zu der Annahme, die zweite sei in Ableitung der ersten entstanden. Wie wir sehen werden, wurden diese Positionen aber tatsächlich auf unterschiedlichen Wegen erreicht – und auf einem ästhetischen Gebiet, das nicht nur von den experimentierenden Künstlern vermessen wurde, sondern auch von Kritikern und Theoretikern.

Denn über die eigene Kunst zu schreiben oder sympathisierende Kritiker dafür zu gewinnen, das war neben dem Malen von großen, ambitionierten Bildern und neben kollektiven Ausstellungen eine weitere Strategie, um Aufmerksamkeit zu erregen. Tatsächlich bildete das Schreiben über Kunst schon immer einen integralen Aspekt des Kunstmarktes – seit es einen solchen gab –, doch die Vielzahl der aufstrebenden Schriftsteller und Künstler in Paris um 1900 sowie die Revolutionierung der Werbetechniken boten denkbar günstige Umstände, unter denen diese Strategie in dem Jahrzehnt vor dem Ersten Weltkrieg florierte. Marinettis Lancierung des Futurismus 1909 war wegweisend: Sein Manifest, das auf der Titelseite des *Figaro* erschien, stellte sicher, dass das Wort schon weithin bekannt war, lange bevor die ersten konkreten Beispiele dieses neuen »Ismus« auf den Markt kamen. Wie Jeffrey Weiss nachgewiesen hat, wurde auch der Begriff »Kubismus« bereits zwei Jahre vor dem Gruppendebüt in Raum 41 geprägt, von einem Kunstpublikum, das schon darauf eingestellt war, nach Neuheiten Ausschau zu halten, und sei es nur, um sie zu verspotten. Seit dem Frühjahr 1909 hatte sich die Bezeichnung – gewählt vielleicht wegen der kubischen Formen von Braques *Häuser in L'Estaque,* das im November 1908 in Kahnweilers Galerie ausgestellt war – als Synonym für stilistische Exzesse eingebürgert. Le Fauconnier hatte das publizitätsträchtige Potenzial dieser Situation rasch erkannt, und so schrieb er 1910 ein persönliches Manifest, in eindrucksvoll unverständlichem, pseudowissenschaftlichem Jargon formuliert, das zunächst unter seinen Freunden zirkulierte. Später dann durchlief es das gesamteuropäische Netzwerk der Avantgarden, das in den vergangenen Jahren entstanden war, und bescherte seinem Schöpfer den Ruf eines Theoretikers. Vermutlich war dies – und nicht sein Können als Maler – auch der Grund dafür, dass *Überfluss* 1911 als das paradigmatische Werk des Kubismus galt. Ein derartiger Avantgardismus konnte jedoch nicht nur einen Ruf begründen, er konnte auch der Grund für den Sturz eines Künstlers sein.

21
HENRI LE FAUCONNIER
Überfluss 1910/11
Öl auf Leinwand
191 x 123 cm
Haags Gemeentemuseum, Den Haag

2 Sprachen des Klassizismus

»Eine Nationalliteratur, eine Renaissance des Klassizismus: Über diese Ideen wurde zwischen 1908 und 1911 überall leidenschaftlich debattiert«, schrieb der Literaturhistoriker Michel Décaudin, und er fügte hinzu: »Doch sie wurden oft mit politischen Stellungnahmen verquickt, die ihre Bedeutung und ihre Resonanz beeinflussten.« Diese Stellungnahmen wurden von den Zeitgenossen eindeutig verstanden. Schon 1905 kritisierte Camille Mauclair in einem Aufsatz über »Die nationalistische Reaktion in der Kunst« die damalige Begeisterung für den Klassizismus in treffenden Worten als eine verschleierte Form von kulturellem Snobismus und antidemokratischer Gesinnung: »Eine Vorliebe für Monsieur Ingres, [...] für Pastiches der griechischen Antike oder des 17. Jahrhunderts geht jedes Mal Hand in Hand mit reaktionären Ansichten«, erklärte er. »Es ist alles eine Frage des ›guten Benehmens‹.« Für manche – wie Charles Maurras und seine Mitstreiter in der monarchistischen, antisemitischen und ultranationalistischen Action française – war es mehr als das: Sie hielten eine Rückkehr zu den Prinzipien der klassischen Kultur aus dem Zeitalter Ludwigs XIV. für notwendig, um Frankreich vor den katastrophalen Konsequenzen der Revolution zu retten. Für andere Traditionalisten wie Maurice Barrès hatten Nationalismus und Klassizismus dagegen eine umfassendere Bedeutung; sie standen auch für die politische Einigung der Republik und die Bejahung zeitgenössischer kultureller Innovationen, denn, wie Barrès argumentierte, »wenn man Traditionalist ist und sich dem Gesetz der Kontinuität unterwirft, muss man die Dinge so nehmen, wie man sie vorfindet.« So definierte er auch den Nationalismus als eine Form des Klassizismus: »Er ist in jedem Bereich die Inkarnation der französischen Kontinuität.«

In den weitgehend übereinstimmenden Kreisen der literarischen und künstlerischen Avantgarden in Paris wurden diese Einstellungen von vielen geteilt. Als 1905 die Zeitschrift *Mercure de France* ihre Leserschaft fragte, ob Gauguin, Henri Fantin-Latour oder Cézanne das beste Vorbild für die zeitgenössische Malerei sei, favorisierten die meisten Cézanne, dessen Verdienst der Maler und ehemalige Gauguin-Schüler Paul Sérusier so beschrieb: »Wenn in unserer Zeit eine neue Tradition geboren wird, dann wird sie von Cézanne kommen. [...] Keine neue Kunst, sondern eine Wiederbelebung der Reinheit, der Beständigkeit, des *Klassizismus* in allen Künsten.« Sein Freund, der führende Kunsttheoretiker Maurice Denis, ging noch weiter, als er in zwei einflussreichen Artikeln die Malerei von Gauguin und van Gogh als Vorbereitung von Cézannes exemplarischem Klassizismus interpretierte und erklärte, dass »in der Literatur wie in der Politik die jüngere Generation nach Ordnung verlangt. Die Rückkehr zur Tradition und Disziplin ist einmütig.« Er befürwortete die Haltung der Action française als die beste Antwort auf »die gegenwärtigen Bedürfnisse unserer kranken und gespaltenen Gesellschaft«. Der junge Kunstkritiker Jacques Rivière (ab 1911 Chefredakteur der *Nouvelle Revue Française)* bekannte sich zu demselben Standpunkt: »Die Action française, deren Dummheiten mir samt und sonders bewusst sind, ist mir dennoch lieber als die radikalsozialistische Liga, vor der ich wirklich physischen Abscheu empfinde.«

Für junge Künstler, die sich ihren Weg durch das Erbe des Postimpressionismus und des Symbolismus bahnen mussten, war das Paradigma des Klassizismus, unterstrichen durch eine Serie großer Retrospektiven – 1905 und 1910 von Ingres, 1907 von Cézanne, 1909 von Corot –, ein unvermeidlicher Anhaltspunkt; was sie davon mitnahmen, unterschied sich jedoch von Fall zu Fall. Gleizes und Le Fauconnier lernten sich 1909 im Literatenmilieu von Montparnasse kennen. Zusammengeführt durch ihre gemeinsame Suche nach einer Kunst, die beständiger und kraftvoller als der Impressionismus sein sollte, fanden sie ihr Vorbild in der Malerei der Renaissance und den Werken von Jacques-Louis David und Jean-Auguste-Dominique Ingres. Die folgenden zwei Jahre verbrachten sie mit der gemeinschaftlichen Erforschung der dieser Gemälde zugrunde liegenden Konstruktionsprinzipien und erfanden zu diesem Zweck endlose Kompositionsschemas, die, wie Gleizes später bemerkte, in ihren eigenen Gemälden aus dieser Zeit sichtbar wurden: »Linien und Volumen, Dichte und Gewicht, Symmetrien und Gleichgewicht waren es, was uns interessierte und was wir erzielen wollten.«

Le Fauconniers *Überfluss* (Abb. 21) ist ein Ergebnis dieser Bemühungen. Das Gemälde ist so strukturiert, dass der Unterleib der Hauptfigur sich genau im Mittelpunkt der Bildfläche befindet und andere wesentliche Körperteile und Früchte auf den geometrischen Hauptachsen platziert sind. Zwar kann man, wenn man nur gründlich genug sucht, in den meisten Gemälden derartige »geheime Geometrien« finden, doch es scheint unwahrscheinlich, dass sie in diesem Fall nur durch Zufall entstanden. Seit dem Ende des 19. Jahrhunderts hatten Künstler und Schriftsteller ihr Augenmerk darauf gerichtet, Möglichkeiten zu erforschen, um in der Malerei Ideen und Gefühle zum Ausdruck zu bringen oder in abstrakter Weise zu schreiben: mit nicht naturalistischen Farben, unregelmäßigen Versrhythmen – oder geometrischen Kompositionssystemen. In den Kreisen der Schriftsteller und Maler, die in Verbindung zum Symbolismus und seiner Ablehnung der vorherrschenden materialistischen Denkweise standen, bestand ein lebhaftes Interesse an der neuplatonischen Tradition, die aus dem klassischen Griechenland stammte, über die Renaissance vermittelt war und derzufolge in symbolischen Geometrien mystische Wahrheiten verborgen liegen. Das berühmteste Beispiel, der so genannte goldene Schnitt, stieß in den Kreisen, in denen Gleizes und Le Fauconnier sich kennen lernten, auf besonderes Interesse, und er war sehr wahrscheinlich eines der Konstruktionsprinzipien, die sie in klassischen und neoklassischen Gemälden nachzuweisen suchten.

Die esoterisch-hochgespannte neuplatonische Lehre harmonierte zudem mit dem Elitismus der Avantgarden: Le Fauconniers Manifest von 1910 war gespickt mit numerologischen Termini, und andere, die über den neuen Salonkubismus schrieben, ahmten ihn nach. Ein prominentes Beispiel war der junge Dichter Roger Allard, der sich im Herbst 1910 mit einer Rezension des Salon d'Automne erstmals der Kunstkritik zuwandte. Darin hob er vor allem die Arbeiten von Gleizes, Le Fauconnier und Metzinger hervor und erklärte, ein schönes Bild sei »nichts anderes als ein wahres Gleichgewicht, die Gleichmäßigkeit der Gewichtungen und die

Harmonie der Zahlen«. Diesem Avantgardeklassizismus ließ Allard dann eine Interpretation mit weit reichendem Einfluss folgen: Die Arbeiten dieser drei Maler, erklärte er, »bieten der Intelligenz des Betrachters in der ganzen Fülle dieser Bilder die essenziellen Elemente einer in der Zeit verorteten Synthese« – weil es nämlich eine gewisse Zeitspanne verlangt, bis der Betrachter das Gleichgewicht zwischen ihren Bestandteilen und Formen erkennt. Im Folgejahr führte er seine Ideen in einem Artikel weiter aus, in dem er sich insbesondere auf Nicolas Poussin und den Klassizismus des 17. Jahrhunderts bezog. Das Gleichgewicht, das dieser Künstler erziele, so Allard, verleihe seinen Bildern eine lebendige Schönheit, die nicht analysiert, sondern intuitiv erfasst werden müsse. »Das lebendige Werk für die ihm innewohnenden Lebenskräfte zu lieben heißt, die Natur zu verstehen und zu besitzen, denn in dieser Tat eines Genies hat der menschliche Geist sie in ihrer Ganzheit umfasst.«

Allards Betonung von Zeit, Bewegung, Vitalität und Intuition war um 1910/11 ein unverkennbarer Hinweis auf die Ideen von Henri Bergson. Der außerordentliche Ruhm dieses Philosophen in den Vorkriegsjahren lag vor allem darin begründet, wie seine Ideen in mehrfacher Hinsicht die komplexe Stimmung der damaligen Zeit erfassten. Seine Bewertung der Zeit oder Zeitdauer (»la durée«) als Fundament aller Realität – ausgehend von der Erkenntnis, dass die Welt nie stillsteht – entsprach dem zeitgenössischen Bewusstsein von der raschen Entwicklung der Modernisierung; seine Würdigung der Intuition als Gegenpart zur wissenschaftlichen Analyse antwortete auf die zunehmende Besorgnis im Hinblick auf die urbanen und technologischen Konsequenzen der Modernisierung, die ihrerseits auf dem wissenschaftlichen Fortschritt fußte, und seine Betonung des Elan vital bestärkte die Sehnsucht nach einem mythischen vormodernen, ländlichen Frankreich, das noch vom Rhythmus der Jahreszeiten regiert wurde. Es war eine Philosophie, die benutzt werden konnte – und benutzt wurde –, um eine Vielzahl (zum Teil gegensätzlicher) politischer und kultureller Programme zu untermauern, und diese Flexibilität sorgte dafür, dass Bergsons Name in dieser Zeit allgegenwärtig war.

Für die Kreise, in denen die Salonkubisten sich damals bewegten, war Bergson in jeder Hinsicht von Bedeutung, denn zu ihnen zählten Schriftsteller und Künstler, die die Dynamik der modernen urbanen Gesellschaft enthusiastisch begrüßten, und andere, die sie mit weniger Zuversicht beurteilten. Für die Maler beider Richtungen bot Allards Interpretation des Klassizismus nach Bergson einen Ansatz, der ihr Bestreben, den Impressionismus zu überwinden und zu einer weniger anekdotischen, monumentaleren Kunst zu gelangen, mit ihrem Interesse an einer (positiven oder negativen) Darstellung der Dynamik des modernen Lebens in Einklang brachte. All dies findet man in unterschiedlichen Ausprägungen in den Gemälden, die Gleizes, Le Fauconnier und Léger im Raum 41 des Salon des Indépendants 1911 ausstellten. Wie Le Fauconniers *Überfluss* ist auch Légers *Akte im Wald* (Abb. 22) monumental und dynamisch zugleich; die drei klassischen Akte scheinen gleichsam aus ihrer pastoralen Umgebung herausgemeißelt, in kantig aneinander gefügte Flächen und Volumen facettiert – nach einem Muster, das dem Wechselspiel von Licht und Schatten in dieser Waldszene nachempfunden sein könnte. Doch während die Fragmentierung der Bildfläche in *Überfluss* für den heutigen Betrachter zaghaft und steif erscheint, wirkt Légers Gemälde zugleich kühn und inkohärent. Die drei Figuren sind so schwer zu erkennen, dass

22
FERNAND LÉGER
Akte im Wald
1909–1911
Öl auf Leinwand
120 x 170 cm
Kröller-Müller Museum, Otterlo

23
ALBERT GLEIZES
Frau mit Phlox 1910
Öl auf Leinwand
81,6 x 100,3 cm
The Museum of Fine Arts, Houston, Schenkung Esther Florence Whinery Goodrich Foundation

manche Betrachter statt drei vier zu sehen meinten, andere hielten sie für Männer, sogar für Holzfäller. Und die außerordentliche Dynamik ihrer Volumen ist auf Kosten der anatomischen Glaubwürdigkeit erzielt, vor allem bei der tanzenden Figur auf der rechten Seite, deren Glieder allzu viele Gelenke haben und deren großer Zeh sich auf der falschen Seite ihres Fußes befindet. Gleizes' *Frau mit Phlox* (Abb. 23) steht stilistisch auf halbem Weg zwischen *Akte im Wald* und *Überfluss*. Die kräftige, ja monumentale Figur der sitzenden Frau ist deutlich erkennbar, doch bei der räumlichen Organisation des Interieurs wurde offensichtlich die Klarheit zugunsten des dynamischen Effekts geopfert. Wie Léger, so scheint auch Gleizes in dem Versuch, das Spiel der Volumen zu maximieren und simultan die illusionistischen Techniken ihrer Konstruktion aufzuzeigen, die Kontrolle über Teile des Gemäldes verloren zu haben.

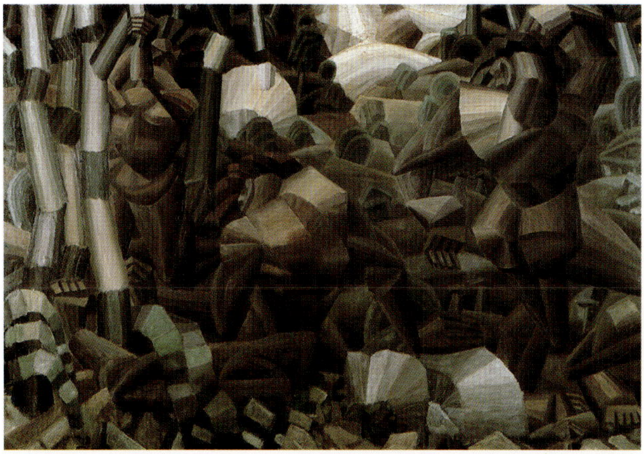

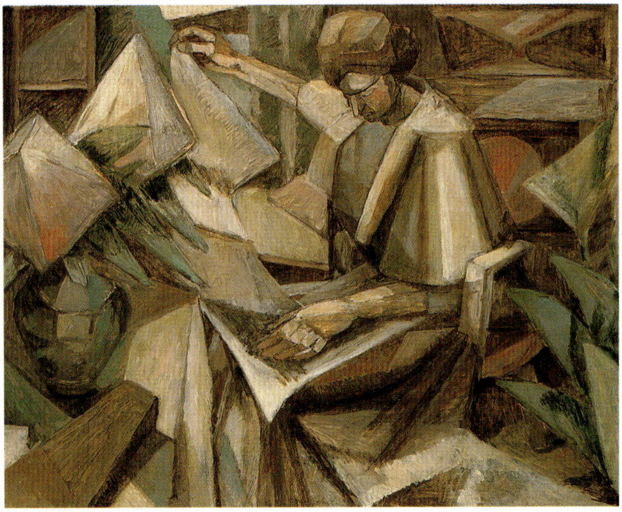

Ob diese beiden Gemälde Le Fauconniers Beispiel nicht nur in stilistischer, sondern auch in thematischer Hinsicht folgen sollten, bleibt unsicher. Wir können das Motiv von *Frau mit Phlox* als Symbolisierung einer Harmonie zwischen Mensch und Natur sehen, die von dem dichten Spiel der Volumen unterstrichen wird, aber auch als eine nervöse Verherrlichung der häuslichen Rolle der Frau. Insofern stände es in Übereinstimmung mit der Botschaft von *Überfluss* und mit den Einstellungen einiger Künstler aus dem Kreis der Salonkubisten. Légers Akte dagegen sind offenbar nichts anderes als eine radikale Überarbeitung eines traditionellen pastoralen Motivs. Darin sind sie vergleichbar mit Picassos und Braques Auseinandersetzung mit dem klassischen Erbe in ihren Gemälden aus der Zeit um 1908 – in einem künstlerischen Dialog, der sie immer enger zusammenführte, den beide aber auch mit sehr unterschiedlichen Interessen und Zielen vorantrieben.

Picasso hatte schon einige Jahre früher dieses Erbe durchmessen und sich genommen, was er für den Anfang brauchte. Mit *Drei Holländerinnen* vom Sommer 1905 begann eine Phase, in der er klassische und archaische Kunsttraditionen plünderte: auf der Suche nach dem Einfachen und Monumentalen. Die *Demoiselles* und die damit verbundene Begegnung mit afrikanischer Kunst führten ihn vorübergehend von diesen Eigenschaften weg, doch Braques praktische Erforschung von Cézannes Malerei und das gesteigerte Interesse seiner Zeitgenossen am Klassizismus brachten ihn wieder dorthin zurück. Dabei resultierte auch Braques Auseinandersetzung mit Cézanne aus dem Streben nach Klassizismus, denn die damals übliche Bezeichnung von Cézanne als »Klassizist« war in vielerlei Hinsicht berechtigt. In seinem Bemühen, »aus dem Impressionismus etwas Festes und Beständiges zu machen, entsprechend der Kunst in den Museen«, wie er einmal sagte, hatte Cézanne sich von der Darstellung der zeitgenössischen Welt der urbanen Freizeitvergnügungen, des Verkehrs und der Industrie ab- und den pastoralen Sujets der klassischen Tradition zugewandt, und selbst seine Bilder von Landschaften mit Eisenbahnbrücken oder Fabrikschornsteinen gaben diesen Bauwerken das Aussehen von Monumenten. Hierin folgte ihm Braque: Seine kurzfristige Beteiligung am Fauvismus 1906/07 war fast eine Rekapitulation von Cézannes impressionistischen Lehrjahren, bis er dann die fauvistische Beschäftigung mit der Dynamik der modernen Städte und Häfen aufgab zugunsten der klassischen Motive des Mittelmeerraums. Bewusst wählte er dieselben Motive in der Umgebung von L'Estaque, die Cézanne schon gemalt hatte, um diesen schmucklosen Vorort von Marseille zu monumentalisieren und »klassizistisch zu machen« – einerseits indem er wiederholt das Viadukt mit seinen Anklängen an die römische Architektur malte, andererseits indem er die Formen in seinen Bildern mit einem Gerüst aus stabilen geradlinigen Geometrien und rational angeordneten Perspektiven verstärkte, das an Poussins strenge, abstrakt konzipierte Landschaften erinnert (Abb. 24, 25).

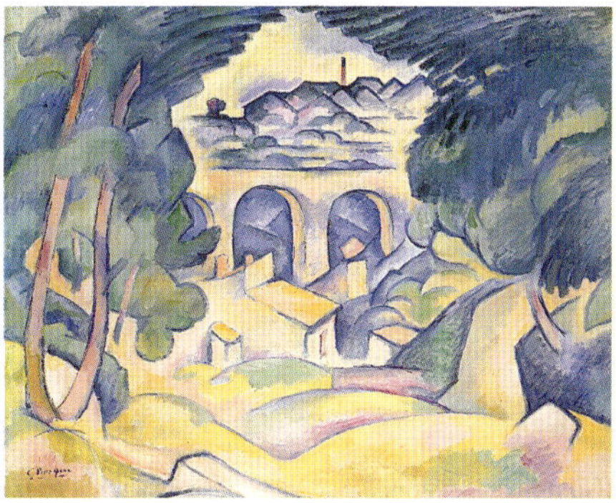

24
GEORGES BRAQUE
Viadukt bei L'Estaque
1907
Öl auf Leinwand
65,4 x 80,6 cm
The Minneapolis Institute of Arts

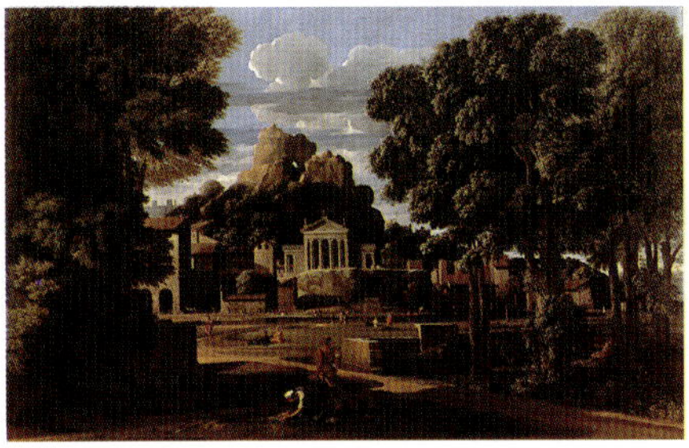

25
NICOLAS POUSSIN
Phokions Asche 1648
Öl auf Leinwand
116,5 x 178,5 cm
Board of Trustees of the National Museums and Galleries on Merseyside (Walker Art Gallery, Liverpool)

26
GEORGES BRAQUE
Schloss bei La Roche-Guyon 1909
Öl auf Leinwand
81 x 60 cm
Moderna Museet, Stockholm

Der Kunsthistoriker Theodore Reff vermutet, dass Braques veränderte Motivwahl sowie der dadurch bedingte Wechsel von einer Art der Malerei, bei der die Wahrnehmung im Mittelpunkt stand, zu einer, in der die Konzeption eine vorrangige Rolle spielte, in Zusammenhang zu sehen sind mit dem Verlust des Vertrauens in die Moderne und mit dem Rückzug auf die kollektive Sicherheit von Rasse, Nation und Tradition, die viele in der Rückkehr zum Klassizismus suchten. Das mag stimmen; aus den Bildern wird aber auch ersichtlich, dass Braques künstlerische Interessen sich ebenso wenig wie die Cézannes auf das klassische Paradigma beschränkten. Während *Häuser in L'Estaque* (Abb. 14) mit seinem flachreliefartigen Raum, seiner fest gefügten Geometrie und den einrahmenden Bäumen einige Elemente der klassischen Formel aufgreift, geht es in anderer Hinsicht so weit darüber hinaus, dass es sie untergräbt. Die schon erwähnten Inkonsistenzen und

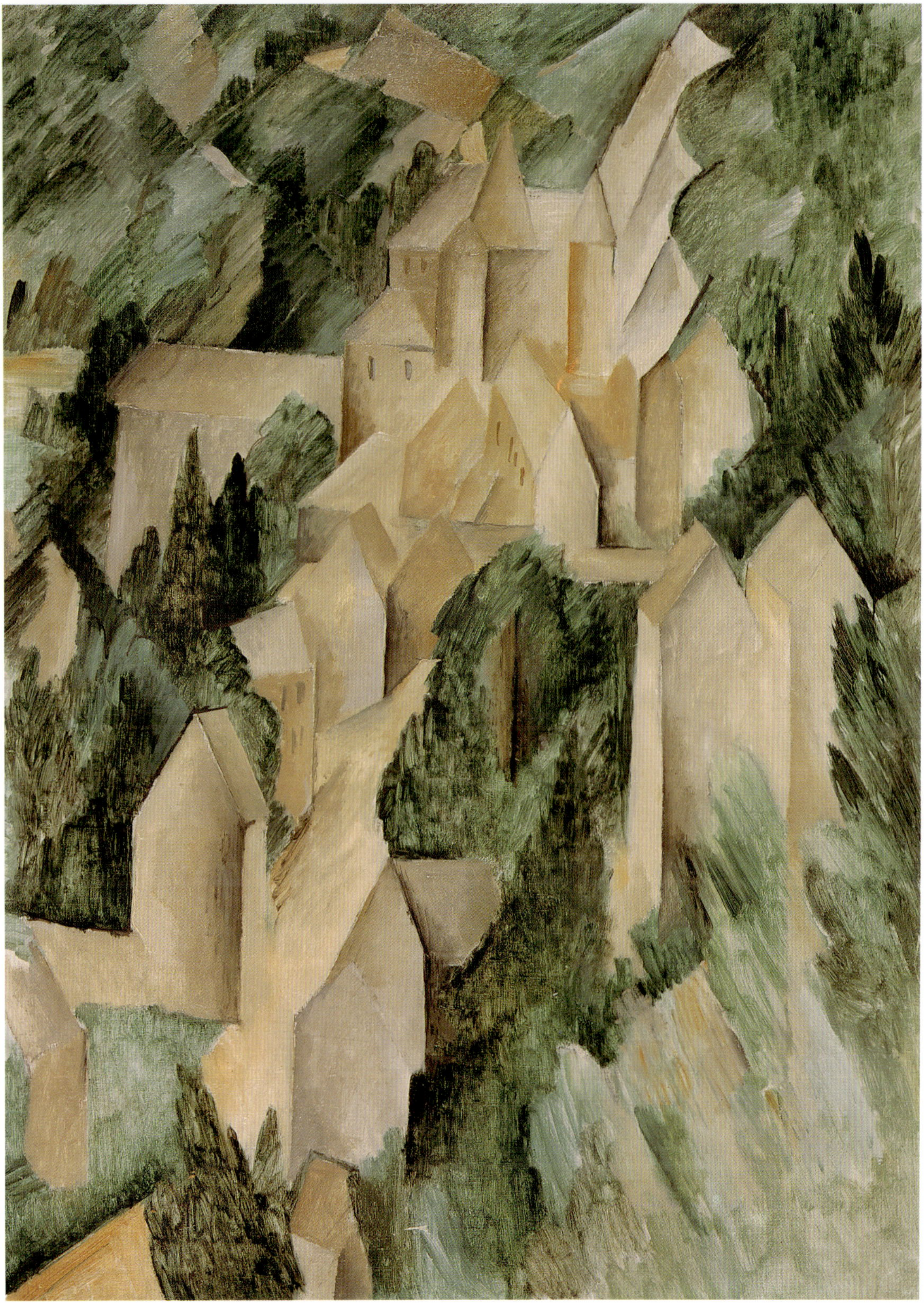

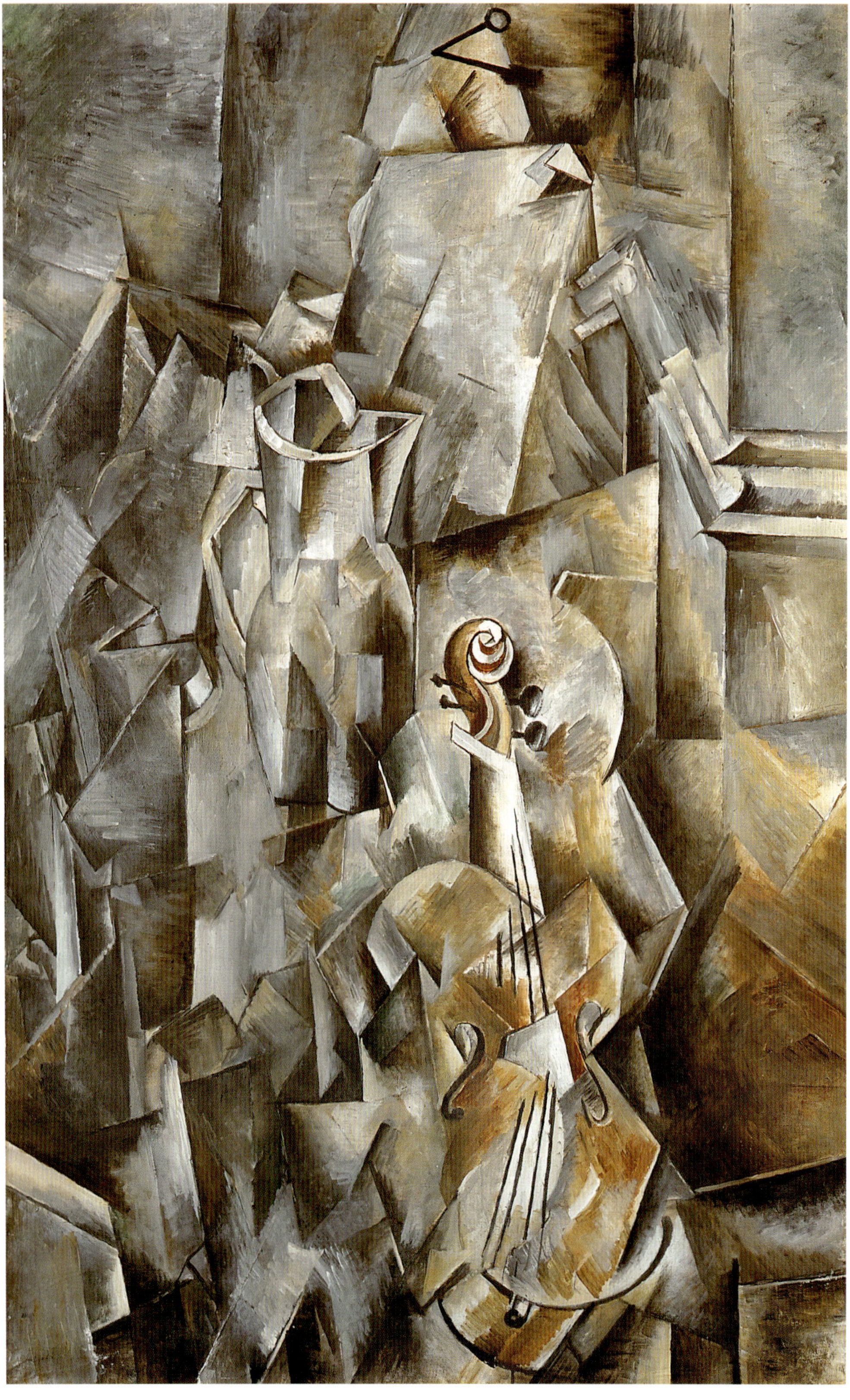

Auslassungen lenken die Aufmerksamkeit auf die konventionelle Struktur der Malerei – das heißt auf die Regeln ihres konzeptuellen Spiels und die Materialität ihrer Mittel. In diesem und anderen Gemälden vom Sommer 1908 lernte Braque von Cézanne, wie er die klassische Formel nutzen konnte, um die radikale Durchbrechung der illusionistischen Darstellung, die Picasso in bahnbrechender Weise vollzogen hatte, im Bild zu verankern und zu ordnen, aber auch, wie die Geradlinigkeit der klassischen Komposition selbst den Illusionismus zerschlagen konnte, indem sie zu einem Signal für die Bildfläche wurde. *Häuser in L'Estaque* deutete diese Möglichkeit nur an – der emphatische Kubus des zentralen Hauses ist kräftig genug, um sich gegen die verflachenden Effekte des Liniengerüsts in diesem Gemälde zu behaupten. Ein Jahr später dagegen, in einer Serie mit dem *Schloss bei La Roche-Guyon* (Abb. 26) entwickelte Braque das klassische Gerüst zu einem diagonalen Linienraster, das er durch rautenförmige Passageflächen ergänzte. Dies und die weitere Reduktion seiner ohnehin schon eingeschränkten Cézanneschen Palette auf kaum mehr als Variationen von nur zwei Farbtönen ermöglichten es ihm, die Ambiguität des Verhältnisses zwischen Gegenständen und umgebendem Raum zu vertiefen – wobei er stellenweise sogar die Schattierung aus ihrer vorgeblichen Funktion befreite, sodass sie als Maltechnik sichtbar wird (wie in der oberen Mittelpartie des Schlosses) – und die Illusion eines durchgängig flachreliefartigen Raums zu unterstreichen.

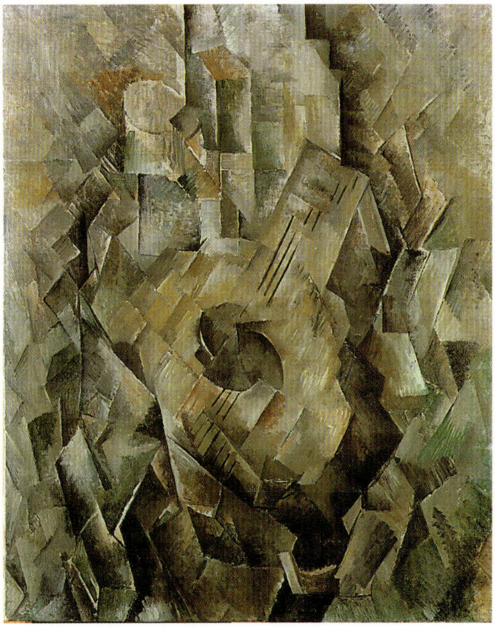

27
GEORGES BRAQUE
Violine und Krug
1909/10
Öl auf Leinwand
117 x 73 cm
Kunstmuseum Basel, Schenkung Dr. h. c. Raoul La Roche, 1952

28
GEORGES BRAQUE
Mandola 1909/10
Öl auf Leinwand
71,1 x 55,9 cm
Tate, London

Im Laufe des folgenden Jahres verfeinerte Braque sein Konzept des diagonalen Rasters, machte sich zunutze, wie es die Oberfläche eines Gemäldes signalisiert, während es zugleich einen Eindruck der Tiefe herbeizaubert, und wie es den Bildgegenstand zerlegt und nach Maßgabe seiner eigenen Flächigkeit und Regelmäßigkeit wieder zusammenfügt. Die Wechselwirkung zwischen diesen beiden Effekten scheint dabei von entscheidender Bedeutung: In Gemälden wie *Mandola* aus dem Winter 1909/10 (Abb. 28), in denen die klassische Ordnung und die systematische Anlage des Rasters vorherrschen, führt dies zu einem Verlust an Spannung und einer Spur von Stilisierung. In *Violine und Krug* dagegen, das Anfang 1910 vollendet wurde (Abb. 27), ist das Raster weniger explizit, entsteht die Struktur vielmehr aus dem Bemühen, den Bildgegenstand durch eine Reihe von Zeichen zu lesen, deren unterschiedliche Grade der Selbstreferenzialität durch den humorvollen Kontrapunkt des illusionistisch gemalten Nagels am oberen Rand betont werden.

Picassos Reaktion auf den Klassizismus, den sich Braque aus vielerlei Gründen als Bezugsrahmen gewählt und in seiner Malerei erforscht hatte, bestand bezeichnenderweise darin, derartige Wechselwirkungen und Spannungen zu maximieren. Zwar führte ihn sein künstlerischer Dialog mit Braque und dadurch auch mit Cézanne zurück zum Klassizismus, doch er schätzte dessen Ordnung und Harmonie minder hoch, und im Sommer 1909 galt sein Interesse weniger der Erforschung der Ambiguitäten des verflachten Raums als vielmehr dem Durchbrechen der räumlichen Struktur, fast bis hin zu ihrem Zusammenbruch. Wie schon bei den Gemälden beider Künstler aus dem Vorjahr, so weist auch Picassos *Häuser auf dem Hügel, Horta de Ebro* (Abb. 29) wesentliche stilistische Gemeinsamkeiten mit Braques *Schloss bei La Roche-Guyon* auf: die eingeschränkte Farbpalette, die rautenförmige Facettierung, die Überlagerung von Perspektiven. Doch anstelle von Braques subtiler Verschleifung von Gegenständen und Raum sind hier die divergierenden Perspektiven abrupt und ohne Rücksicht auf Logik zusammengefügt, was, etwa bei Légers *Akte im Wald* (Abb. 22), ebenso kühn wie überraschend wirkt. Anders als bei Léger führt dies hier jedoch

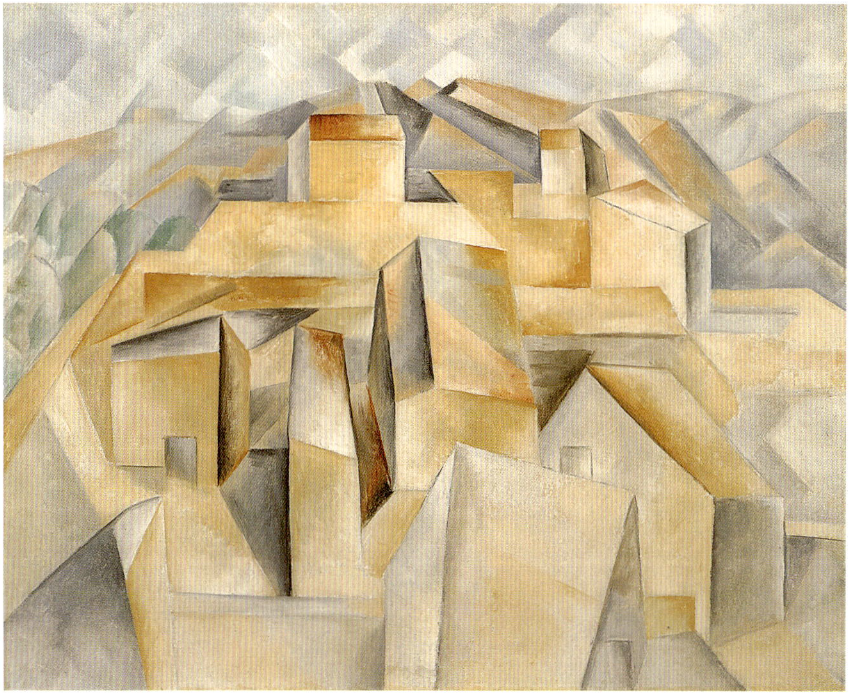

29
PABLO PICASSO
Häuser auf dem Hügel, Horta de Ebro 1909
Öl auf Leinwand
64 x 81 cm
The Museum of Modern Art, New York, Vermächtnis Nelson A. Rockefeller

30
JEAN-BAPTISTE-CAMILLE COROT
Zigeunermädchen mit Mandoline (Christine Nilsson) 1874
Öl auf Leinwand
80 x 57 cm
Museu de Arte de São Paulo, Assis Chateaubriand

31
PABLO PICASSO
Sitzender weiblicher Akt 1909/10
Öl auf Leinwand
92,1 x 73 cm
Tate, London

nicht zur Inkohärenz, sondern zur Erkenntnis, dass Maltechniken wie beispielsweise Linearperspektive und Chiaroscuro unabhängig von ihrer beschreibenden Funktion behandelt und folglich zu eigenständigen Themen von Gemälden gemacht werden können. Picasso schloss daraus auf ein vertieftes Interesse an der sprachlichen Natur der Ausdrucksformen der Malerei – sowohl an der Weise, wie ihre Konventionen und einzelnen Bestandteile funktionieren, als auch an der beschwörenden, magisch transformierenden Kraft, von der Mallarmé sprach. Während hier Braques Auseinandersetzung mit Cézanne den Anstoß gegeben hatte, wurde die Begegnung mit einer anderen Form des Klassizismus tonangebend für die nächsten Gemälde.

Die Ausstellung von fünfundzwanzig Figurengemälden Corots in einer Retrospektive beim Herbstsalon 1909 bedeutete für beide Künstler eine Offenbarung.

Weniger bekannt als seine Landschaften, spiegelten diese Gemälde wegen ihres Ernstes und ihrer Strenge, wegen ihres Spiels mit Volumen und Räumen vor einem glatten Atelierhintergrund nicht nur die kulturelle Stimmung der Zeit, sondern auch Picassos damalige künstlerische Interessen, und im folgenden Winter verarbeitete er ihre Lektion in einer Serie von Figurenstudien (Abb. 30, 31). Indem er Corots Verbindung von skulpturalem Volumen und malerischer Flachheit aufgreift, die er in seiner eigenen radikalen Syntax aus eckigen Facetten, abrupten Perspektivwechseln und der mittels der Passagetechnik erreichten räumlichen Ambiguität neu ausgestaltet, entwickelt Picassos *Sitzender weiblicher Akt* die Plastizität von *Häuser auf dem Hügel* zu einer Monumentalität, die ebenso geheimnisvoll wie streng wirkt, während er zugleich in einer gegenläufigen Bewegung die Konturen der Figur zum umgebenden Raum hin öffnet und verflacht. Dass hieraus keine

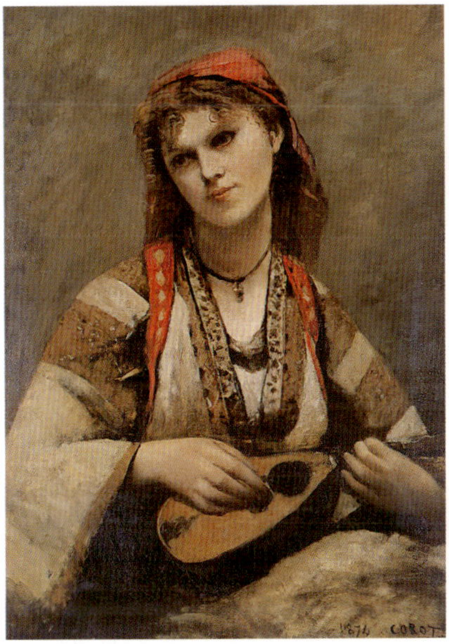

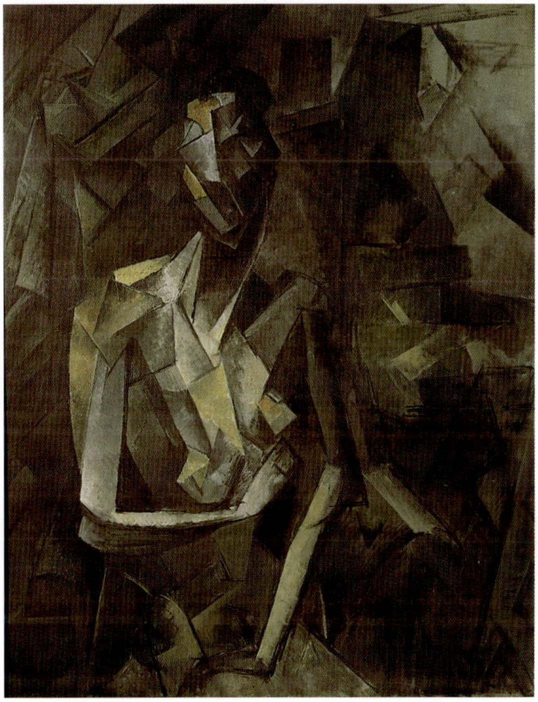

Inkohärenz erwächst, liegt teils an Picassos vollendetem Umgang mit Chiaroscuro und Passage, teils an dem diagonalen Raster, das, wenn auch nur implizit, die facettierten Formen von Figur und Hintergrund zu einem einheitlichen Bildfeld ordnet.

Diese Techniken wurden zu Schlüsselelementen in den Bildern beider Maler aus dem folgenden Jahr, doch es war Picasso, der sie, vielleicht in Fortführung von Braques Ausarbeitung des Rasters in Gemälden wie *Mandola,* radikaler einsetzte. In *Gitarrist* (Abb. 32) und anderen Bildern, die er im Sommer 1910 in Cadaqués malte, ging er so weit, sowohl das Raster selbst als auch die Helldunkelmodellierung von ihrer darstellenden Funktion zu lösen, sodass das Raster nur noch als Koordinatensystem dient, mit dessen Hilfe der Bildgegenstand sich lokalisieren lässt, während das Chiaroscuro das Bildfeld so gliedert, dass es die Volumen des Bildgegenstands teils andeutet, teils negiert. Wie der Kunsthistoriker Yve-Alain Bois bemerkte, lässt diese Entwicklung sich am besten in Begriffen der Semiotik erklären: Zum einen findet ein Wechsel statt von einer bestimmten Art visueller Zeichen zu einer anderen – nämlich von »ikonischen« Zeichen, die auf der Ähnlichkeit mit dem dar-

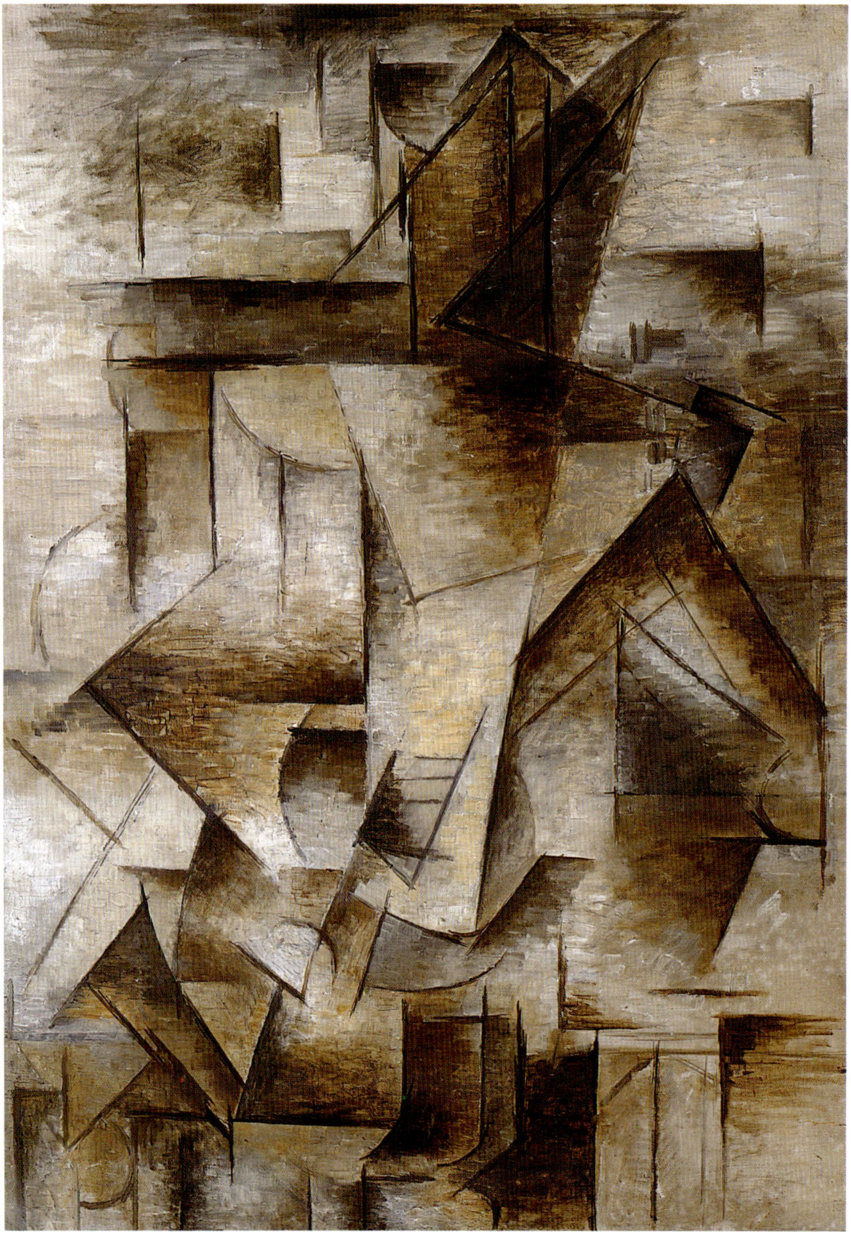

32
PABLO PICASSO
Gitarrist 1910
Öl auf Leinwand
100 x 73 cm
Musée National d'Art Moderne, Centre Georges Pompidou, Paris

33
JEAN METZINGER
Zwei Akte 1910/11
Öl auf Leinwand
Maße und Verbleib unbekannt

gestellten Gegenstand beruhen, zu »symbolischen« Zeichen, deren Bedeutung von ihrem Platz innerhalb des Zeichensystems abhängen, aus dem das Bild aufgebaut ist; zum anderen gibt es Unterschiede zwischen diesen einzelnen Zeichen. So erfasst man die Figur des *Gitarristen* weniger durch die Ähnlichkeit irgendwelcher

Bildelemente mit dem erkennbaren Bild eines Gitarrenspielers, sondern anhand der Beziehungen zwischen den diagonalen und runden Formen, die hier gegen ein rechtwinkliges Gitterraster gesetzt sind: Aus ihnen konstruieren wir einen Kopf (die zylindrische Form oben), Arme (die dreieckige Formen zu beiden Seiten) und eine Gitarre (die Bögen in der Bildmitte). Es bleibt noch immer ein bezeichnender Rest von visueller Ähnlichkeit – Ellbogen sind spitz, Gitarren haben runde Schalllöcher –, das Entscheidende aber ist die Platzierung dieser Elemente und ihre Unterscheidung von den rechtwinkligen Formen in einem Zeichensystem, das hier auf ein Minimum reduziert ist.

In Arbeiten wie dieser trieb Picasso die Malerei bis an den Rand der Abstraktion. Doch weder er noch Braque war daran interessiert, darüber hinauszugehen; ihre Kunst blieb eine Kunst des Realismus, nicht nur weil die Darstellung der sichtbaren Realität im Mittelpunkt ihrer Erforschung der sprachlichen Natur der Malerei stand, sondern auch weil – insbesondere für Picasso – diese Realität einfach zu anziehend war, um sie aufzugeben. Braque reagierte, indem er wieder ikonische

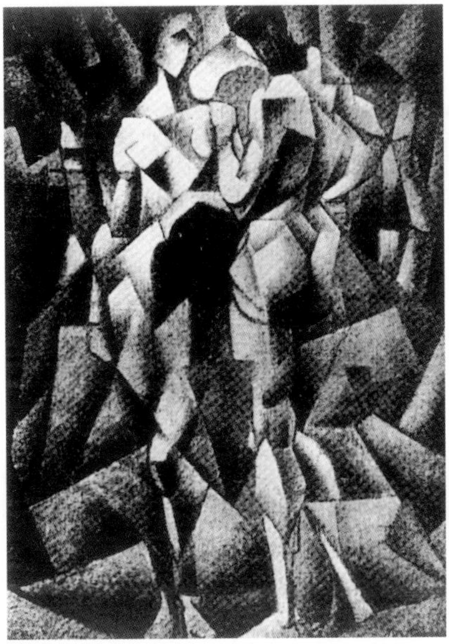

Zeichen einbezog: In dem an Jean-Siméon Chardin erinnernden Bild *Flasche und Fische* vom Herbst 1910 (Abb. 19) platzierte er erkennbare Motive (Fischköpfe und eine Flasche) in einem klassischen Gerüst aus Vertikalen und Horizontalen – sogar mit perspektivischen Anklängen. Auch Picasso kehrte zu den ikonischen Zeichen zurück – vielleicht sogar noch entschiedener –, doch er benutzte sie nun als Kontrast zu einem dominant gewordenen Raster, das er noch konsequenter als je zuvor von jeder darstellenden Funktion befreite. So geben in *Der Frisiertisch* (Abb. 20) der Schlüssel im Schlüsselloch (unten Mitte), der Spiegel (oben Mitte) sowie, wenn auch weniger deutlich, eine Flasche und ein Glas visuelle Hinweise, die den Bildgegenstand erkennen lassen, während das Raster sich fast über die gesamte Bildfläche erstreckt und das Chiaroscuro der neoimpressionistischen Pinselstriche Wechselwirkungen und Widersprüche zwischen Volumen und Räumen, Transparenz und Opakheit hervorruft. Eine solche Lockerung der Bindung zwischen dem Zeichen und dem spezifisch Bezeichneten, zwischen den Pinselstrichen und dem Gegenstand, den sie bedeuten, ermöglicht es, die Bildelemente auf mehr als einer Ebene zu interpretieren: So kann das Gitterraster auch als Darstellung der Fächer und Schubladen des Frisiertischs gesehen werden oder sogar, wie Robert Rosenblum vorschlug, als eine Andeutung der abwesenden Frau, der der Frisiertisch gehört, wobei der Spiegel und der Schlüssel metaphorisch ihr Gesicht und ihr Geschlecht bezeichnen würden. Diese Multifunktionalität in Picassos kubistischem Lexikon erwies sich als äußerst fruchtbar und einflussreich.

Angesichts von Picassos Ruhm in den Kreisen der Avantgarde ließ es sich nicht vermeiden, dass die Bestrebungen, die ihn und Braque zum hermetischen Kubismus der Jahre 1910 bis 1912 führten, nicht nur die Aufmerksamkeit ihrer Förderer und Freunde auf sich zogen, sondern auch die von anderen Künstlern, Kritikern und Beobachtern. Die offensichtliche Übereinstimmung bei der Beurteilung und individuellen Aneignung von Klassizismus und Cézanne durch Picasso und Braque einerseits sowie durch die Gruppe der Salonkubisten andererseits wurde von sympathisierenden Kritikern, vor allem von Apollinaire, bemerkt und gefördert. Seit Anfang 1911 waren beide Gruppen über die jeweils andere informiert – einem Künstler gelang es sogar, auf beiden Seiten präsent zu sein, und seine Arbeiten trugen maßgeblich zu der irrigen Annahme bei, der Salonkubismus sei weitgehend vom Galeriekubismus abgeleitet. Jean Metzinger war in einem gewissen Sinn ein stereotyper Avantgardist. Nach seiner Ankunft in Paris 1902 zog es ihn zu den Kreisen des Montmartre, wo er in einer raschen Lehrzeit die avanciertesten Malstile nachvollzog, vom Neoimpressionismus bis zum Fauvismus. 1907 hatte er Apollinaire kennen gelernt und durch dessen Vermittlung Picasso. Äußerst empfänglich für neue Ideen und aufsteigenden Ruhm, imitierte er bald die neosymbolistische Poesie des einen und den beginnenden Kubismus des anderen. Als sein Freund Robert Delaunay ihn 1910 mit Le Fauconnier, Gleizes und Léger bekannt machte, erkannte er die Ähnlichkeiten zwischen ihren Gemälden und denen der Galeriekubisten und sah die Chance, sich selbst, gestützt auf seine Kenntnis von Picassos Kühnheiten, an die Spitze der Salongruppe zu setzen. In einem Artikel von 1910 nutzte er seine besondere Position, um vergleichbare Eigenschaften in Gemälden von Picasso, Braque, Le Fauconnier und Delaunay herauszustellen, die er sowohl wegen ihres Individualismus als auch wegen ihrer tiefen Verbundenheit mit der Tradition der »Alten Meister« pries. Sein Beitrag zum Salon des Indépendants im folgenden Frühjahr zeigte jedenfalls, dass er seine Lektionen von den meisten der Genannten gelernt hatte. Obwohl er das Sujet möglicherweise gewählt hatte, um mit Le Fauconniers demonstrativem *Überfluss* zu rivalisieren, scheint Metzingers *Zwei Akte* von 1910/11 (Abb. 33) vor allem dem Klassizismus sowie Picassos ein Jahr zuvor entstandenen Aktstudien (Abb. 31) verpflichtet. Doch Metzingers Aneignung beider Vorbilder erscheint manieriert und oberflächlich, seine Figuren haben die Gravität von Schaufensterpuppen, und die Geometrien ihrer Fragmentierung dienen kaum mehr als dekorativen Zwecken.

In den Monaten nach dem Gruppendebüt in Raum 41 fand oder vielmehr platzierte Metzinger sich im Mittelpunkt der Aktivitäten der Salonkubisten. Im Herbst galt er bereits als ihr führender Kopf; sowohl in den Augen der Kritiker als auch der Künstler selbst hatte er Le Fauconnier in dieser Rolle abgelöst. Dies galt insbesondere für Gleizes, dessen *Landschaft bei Meudon* (Abb. 34) eindeutig den Einfluss der lebhaften flächigen Stilisierungen von Metzingers *Zwei Akte* wie auch, teilweise durch dessen Vorbild vermittelt, der klassischen Tradition von Nicolas Poussin und Claude Lorrain verrät. Für Gleizes jedoch, anders als für Metzinger, stand diese Tradition für mehr als nur ästhetische Werte. In *Landschaft bei Meudon* wählte er ein identifizierbares Motiv als Bildgegenstand, den Flussbogen der Seine südwestlich von Paris. Im Jahr 1911 war dies ein Ort hektischer Industrialisierung, an dem die Fabriken von Renault sich über immer weitere Teile des rechten Flussufers ausbreiteten. Doch Gleizes malte den rasant wachsenden Pariser Vorort wie eine pastorale Landschaft: Das dynamische Wechselspiel der Flächen und Volumen bringt eher den Elan vital der Natur als die mechanische Energie der Automobiltechnik zum Ausdruck, und in Verbindung mit der klassischen Komposition des Gemäldes konfrontiert es die kulturellen Werte des ländlichen Lebens mit denen der Stadt, die Vergangenheit mit der Moderne.

Angesichts des zunehmenden Nationalismus und der sozialen Unruhen in den Jahren vor 1914 hatten solche bewussten Bezüge wie in Gleizes' Bild unmissverständliche ideologische Implikationen, auf die im nächsten Kapitel näher eingegangen werden soll. Wenige andere Kubisten setzten sich dermaßen direkt für bestimmte politische Strömungen ein, doch als die verschiedenen kubistischen Künstlerkreise sich im Verlauf der Jahre 1911 und 1912 immer näher kamen und

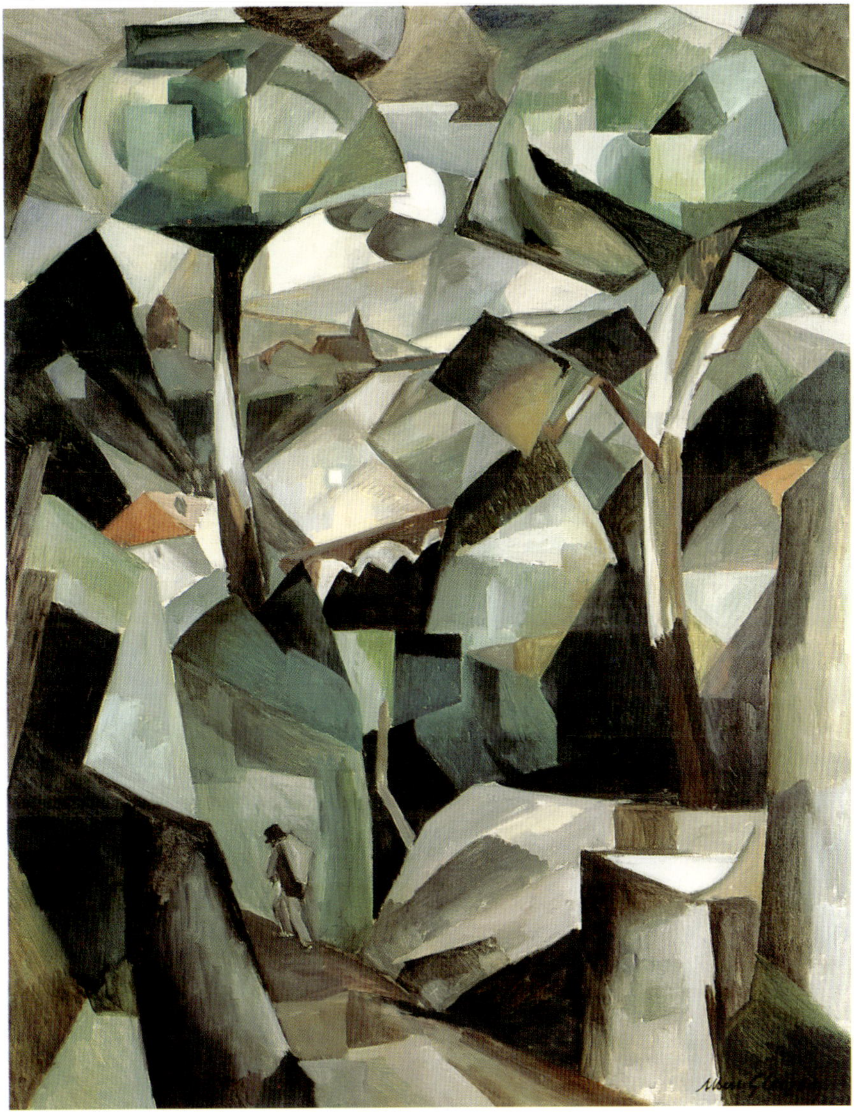

34
ALBERT GLEIZES
Landschaft bei Meudon 1911
Öl auf Leinwand
147 x 115 cm
Musée National d'Art Moderne, Centre Georges Pompidou, Paris

viele sich regelmäßig Sonntagnachmittags im Haus der Brüder Duchamp im Pariser Vorort Puteaux trafen, begegneten die beiden Flügel der Bewegung sich auf der gemeinsamen Basis eines entschiedenen, wenn auch unterschiedlich begründeten Bekenntnisses zum Traditionalismus. Ein häufiges Gesprächsthema bei den Treffen in Puteaux waren Zahlen und Geometrie. Das Thema bildete die Grundlage für das Interesse am Konzept der vierten Dimension, das die Kubisten mit vielen anderen teilten und das dazu beitrug, die wissenschaftlichen und mathematischen Entwicklungen der jüngsten Vergangenheit in popularisierter Form zu verbreiten; und es interessierte auch diejenigen Maler, die die Voraussetzungen bildlicher Rhythmen erforschten, um sich mit der Dynamik der modernen Welt auseinander zu setzen. Das höchste Interesse galt jedoch der Kombination von traditionalistischen und avantgardistischen Bezügen: numerischen und geometrischen Systemen als Vehikel für den mystischen Symbolismus der neuplatonischen Tradition, als Fundament der klassischen Bildkomposition und als pseudowissenschaftliche Basis für eine Kunst, die mehr auf den Intellekt als auf die Wahrnehmung baute. Mitglieder der Gruppe lasen zusammen Leonardos *Traktat über die Malerei* und andere Schriften, die sich mit proportionalen Systemen befassten, und experimentierten in ihren Gemälden mit dem goldenen Schnitt.

Dieses Interesse zeigte seinen substanziellsten Ausdruck in dem Projekt einer Gruppenausstellung, die umfassend die Stärke und die gemeinsamen Positionen der neu konsolidierten Gruppe vorführen sollte. Der Salon de la Section d'Or (Salon des goldenen Schnitts) war als Konkurrenzveranstaltung zum Salon d'Automne angesetzt; seine Eröffnung fand zehn Tage nach dem Herbstsalon im Oktober 1912 statt. Er war zwar weitaus kleiner als der offizielle Salon, doch immer noch beeindruckend umfangreich für eine Gruppenausstellung: Dreißig Künstler zeigten mehr als zweihundert Bilder und Skulpturen, an denen sich nicht nur die ganze künstlerische Bandbreite der Bewegung ablesen ließ, sondern auch die große Zahl ihrer Anhänger. War der Titel der Ausstellung schon ein deutlicher Hinweis auf den Traditionalismus, so machte Apollinaires Vorwort zu *La Section d'Or,* einer Sammlung von Essays, begleitend zur Ausstellung, dies nochmals unmissverständlich klar. Dieser Band mit seinen neunzehn Beiträgen war seinerseits eine inhaltsreiche Produktion, die das beachtliche Gewicht des Kubismus innerhalb der avantgardistischen Kreise unter Beweis stellte. Der längste und analytischste Beitrag, geschrieben von Maurice Raynal, wiederholte Apollinaires Betonung der Tradition und gab ihr eine explizit klassizistische Interpretation.

Ebenso bedeutend war aber auch, für welche kubistische Strömung Raynal Partei ergriff. Die an der Philosophie Bergsons ausgerichtete Versöhnung der klassischen Tradition mit der Dynamik des modernen Lebens erwähnte er nicht; vielmehr interpretierte Raynal den Kubismus in ästhetizistischer Weise, wobei er offensichtlich mit dem Galeriekubismus sympathisierte: »Was kann es Besseres geben«, fragte er, »als diese Konzeption einer *reinen* Malerei, die folglich weder beschreibend noch anekdotisch, psychologisch, moralisch, sentimentalisch, pädagogisch oder dekorativ ist? [...] Die Malerei sollte in der Tat nichts anderes sein als eine Kunst, die sich aus dem unvoreingenommenen Studium der Formen herleitet.«

Als ambitioniertester Beitrag zur Publikation *La Section d'Or* markiert Raynals Essay einen Wendepunkt in der Geschichte der kubistischen Bewegung, denn er machte klar, dass hier, wie auch in dem Kreis von Puteaux, in dem dieses Projekt initiiert worden war, die ästhetischen und stilistischen Interessen der Galeriekubisten zunehmend Anklang fanden.

3 Perspektiven der Simultaneität

Bei der 1911 stattfindenden Ausstellung-in-der-Ausstellung von Raum 41 des Salon des Indépendants mussten Robert Delaunays Gemälde auf den ersten Blick auffallen. Während die pastoralen Akte, Porträts und Interieurs der anderen Salonkubisten trotz ihrer bewusst radikalen Malweise im Grunde traditionelle, althergebrachte Sujets waren, signalisierten Delaunays drei Stadtansichten von Paris, insbesondere eine dramatische Ansicht des Eiffelturms, eine Bejahung der urbanen Moderne und Begeisterung für ihre Dynamik (Abb. 35). Zeigte sich darin Delaunays ausgeprägter Individualismus, der ein Jahr später dazu führte, dass er sich von der Gruppe trennte, um seine eigenen Wege zu gehen, so bezeugte der Künstler auch einen Enthusiasmus, der von vielen Avantgardisten geteilt wurde: für technische Erfindungen und neue Formen der Massenunterhaltung – Automobil, Flugzeug, elektrisches Licht, Kino, Radrennen und Mannschaftssportarten –, die die populäre und die poetische Fantasie gleichermaßen anregten. Die italienischen Futuristen erfanden für diesen Kult des Modernen, der die ersten Jahre des neuen Jahrhunderts erfüllte, das Wort »modernolatria«; und das *Futuristische Manifest*, mit dem die Bewegung 1909 die Szene betrat, war ein gutes Beispiel dafür. »Ein Rennwagen, dessen Karosserie große Rohre schmücken, [...] ein aufheulendes Auto, das auf Kartätschen zu laufen scheint, ist schöner als die *Nike von Samothrake*«, proklamierte Filippo Tommaso Marinetti, der Autor des Manifests. Daneben betonte er die soziale Dimension der Bewegung und verkündete: »Wir werden die großen Menschenmengen besingen, die die Arbeit, das Vergnügen oder der Aufruhr erregt; besingen werden wir die vielfarbige, vielstimmige Flut der Revolutionen in den modernen Hauptstädten.«

Die Pariser Schriftsteller bedurften keiner solchen Aufforderung, und im ersten Jahrzehnt des neuen Jahrhunderts häuften sich die Beispiele von literarischer »modernolatria«. So war Octave Mirbeaus 1908 erschienener Reisebericht *La 628-E8* nur eine – vielleicht die berühmteste – einer ganzen Reihe von hymnischen Preisungen der Dynamik des Autos, die in dieser Zeit veröffentlicht wurden. Vor allem aber zogen in Zusammenhang mit der damaligen Popularität von Henri Bergsons Philosophie die charakteristischen Erfahrungen des modernen urbanen Lebens die Aufmerksamkeit auf sich. Bergsons Konzepte der Zeit (»durée«), die Vergangenheit, Gegenwart und Zukunft umfasst, und des Elan vital, der dem geistigen Leben der Individuen einen kollektiven Impuls verleiht, boten ein Gerüst für vielfältige Interpretationen dieser Erfahrungen. Für diesen Aspekt des Kults des Modernen wurde eine andere Bezeichnung – die der »Simultaneität« – geprägt, die zu einem der meistgebrauchten Schlagwörter der damaligen Zeit wurde. Der Begriff wurde auf verschiedene Weise gedeutet: Für den Dichter Jules Romains bezeichnete er die allgemeinen, unmittelbaren Erfahrungen der wimmelnden Großstadt, die die Einwohner miteinander verbanden. Sein episches Gedicht »La Vie unanime« (Das einmütige Leben), das 1908 erschien und mit regem Beifall begrüßt wurde, pries die zahllosen Gemeinsamkeiten (von Ort, Beruf, Lebensweise), angesichts derer die Individualität des Einzelnen sich auflöste und die alle von der Stadt selbst subsumiert wurden. »Ich bin ein Körnchen Zucker in deinem Mund, unersättliche Stadt«, schrieb er. Für die futuristischen Maler des Jahres 1912 hatte das Wort eine andere, wenn auch ähnlich gelagerte Bedeutung: »Die Simultaneität der Bewusstseinszustände in einem Kunstwerk: das ist das berauschende Ziel unserer Kunst«, erklärten sie. Um die nie dagewesene Dynamik des modernen Lebens zu erfassen, muss ein Bild »die Synthese dessen sein, an was man sich erinnert und was man sieht«.

Robert Delaunay lernte sowohl die Ideen Romains' als auch die der Futuristen 1909 kennen, und sein Interesse an der Simultaneität deckte sich mit ihrem. Der Eiffelturm, den er in diesem Jahr erstmals malte und in späteren Jahren immer

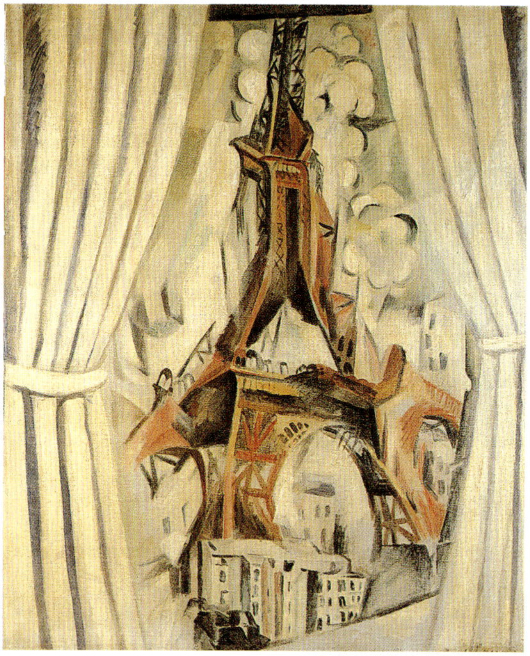

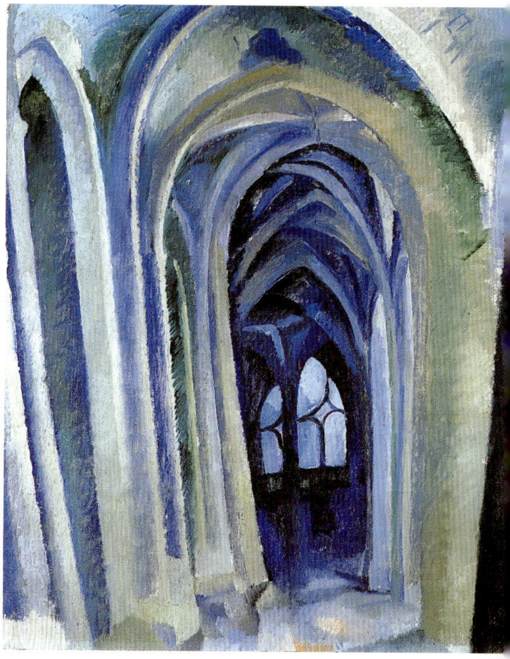

wieder malen sollte, war für ihn sowohl ein Symbol jener Moderne, die die Italiener verkündeten, als auch der Brennpunkt der kollektiven städtischen Identität, die Romains beschrieb, ein charakteristisches Element von Paris, an dem alle Bewohner der Stadt gleichermaßen teilhatten – das für alle simultan sichtbar war. Aber der Eiffelturm war auch der Gegenstand eines rein visuellen und künstlerischen Interesses. Seine Schwindel erregende Höhe und die überraschenden Kombinationen von Maßstab und Perspektive, die er immer wieder bot, wenn er Häuser überragte, von Fenstervorhängen eingerahmt wurde oder eine Straßenschneise optisch abschloss, faszinierten Delaunay; zudem bündelten sich in den Herausforderungen, die diese Anblicke an die bildliche Darstellung stellten, diejenigen Probleme der Malerei, die ihn am meisten interessierten. Delaunay konnte keine formale künstlerische Ausbildung vorweisen, sondern hatte sich autodidaktisch die Lehren des

Impressionismus und Postimpressionismus angeeignet und mit letzterem auch die Grundlagen der Farbenlehre; als entscheidend erwies sich dann aber die gleichzeitige Begegnung mit Cézanne und Henri Rousseau. Wie Picasso in La-Rue-des-Bois lernte er von diesen beiden Malern, das Verhältnis von Bildfläche und Tiefenillusion zu manipulieren. Sein vom Impressionismus geprägtes Interesse an Farben führte ihn zunächst aber nicht zu den konzeptuellen Vereinfachungen und Übertreibungen von *Landhaus mit Bäumen* (Abb. 15), sondern zu Problemen der Perzeption: So erforschte er in einer 1909 entstandenen Serie von Bildern des Innenraums der Pariser Kirche Saint Séverin die visuelle Wahrnehmung von räumlicher Tiefe und die Rollen von Farbe und mobiler Perspektive bei der Darstellung des Raums (Abb. 36).

Die Begegnung mit Romains und den Futuristen inspirierte Delaunay zu einer radikalen Entwicklung dieser Aspekte, wobei er ihren Schwerpunkt vom Perzeptuellen zum Konzeptuellen verlagerte. Er ersetzte die Säulenreihen von Saint Séverin durch die von Fenstervorhängen eingerahmte Silhouette des Eiffelturms, die er aus verschiedenen, unverbunden zusammengefügten Ansichten konstruierte – die Spitze des Turms aus der Luft gesehen, der untere Teil auseinander gespreizt und verflacht wie ein Ausschneidebogen –, und zergliederte die Konturen mithilfe von breiten Lichtstrahlen. So bewirkte er nicht nur eine drastische Verkürzung der räumlichen Illusion, sondern suggerierte ein völlig neues Verständnis der bildlichen Darstellung des Raums. »Niemals ist ein Profil unbeweglich vor uns«, erklärten die Futuristen 1910 in ihrem *Technischen Manifest*. »Da das Bild in der Netzhaut verharrt, vervielfachen sich die Gegenstände, wenn sie sich bewegen [...]. Um ein menschliches Gesicht zu malen, muss man es nicht malen; man muss die ganze Atmosphäre geben, die es umhüllt.« Delaunay malte sein Bild, als wolle er explizit diese Forderungen in die Tat umsetzen, und umgab den Turm mit einer Atmosphäre aus Licht. Die Mehrfachperspektive bedeutete hier allerdings keine Bewegung des Objekts, sondern die simultane Sichtbarkeit des Eiffelturms für alle Bewohner der Stadt – darunter auch für den Salonbesucher, für den die Subjektivität des Bildes durch die Gleichsetzung der Bildfläche mit einem Fenster signalisiert wird, während er zugleich durch die kombinierten und einander überlagernden Ansichten des Turms für Romains' unanimistisches Kollektiv der Pariser Bevölkerung vereinnahmt wird.

35
ROBERT DELAUNAY
Der Turm mit Vorhängen 1910
Öl auf Leinwand
116 x 97 cm
Kunstsammlung Nordrhein-Westfalen, Düsseldorf

36
ROBERT DELAUNAY
Saint Séverin Nr. 2
1909
Öl auf Leinwand
99,4 x 74 cm
The Minneapolis Institute of Arts, The William Hood Dunwoody Fund

Auch wenn Delaunays Gemälde sich thematisch deutlich von denen anderer Künstler in Raum 41 abhob, genügten die stilistischen Übereinstimmungen unter ihnen offenkundig, um seine Aufnahme in die Gruppe zu rechtfertigen. Mit Metzingers *Zwei Akte* hatte es die durchbrochenen Konturen gemeinsam, mit den Gemälden von Léger und dem weniger kühnen Gleizes die perspektivischen Verzerrungen – und mit allen zusammen, einschließlich Le Fauconniers *Überfluss*, das dynamische Spiel der Volumen. Und im Laufe des nächsten Jahres folgten ihm alle, Metzinger ausgenommen, in der Auseinandersetzung mit der Dynamik und Simultaneität des modernen Lebens. Wahrscheinlich spielte dabei auch die avantgardistische Rivalität mit dem Futurismus eine gewisse Rolle, auch wenn sie nicht unbedingt so weit gingen, sich an dessen »modernolatria« zu beteiligen. Die italienischen Maler besuchten Paris im Herbst 1911 und trafen sowohl mit den Salonkubisten als auch mit den Galeriekubisten zusammen. Ungefähr zur gleichen Zeit begann Le Fauconnier mit der Arbeit an dem Gemälde *Der Jäger* (Abb. 37). Noch größer als *Überfluss*, als dessen Nachfolger es offensichtlich gedacht war, enthielt dieses Gemälde, das im Frühjahr 1912 auf dem Salon des Indépendants ausgestellt wurde, außer den beiden Hauptfiguren des früheren vor allem die auffällige Neuerung von isolierten Vignetten (eine Eisenbahnbrücke, eine Kirche, eine Dorfansicht), die in die Szene eingefügt, gleichsam hineinmontiert sind, ohne den geringsten Versuch, sie auch räumlich einzupassen. Obwohl ein Beispiel der Simultaneität, wie die Futuristen sie auffassten – eine Darstellung von »Bewusstseinszuständen«, wobei die Vignetten Erinnerungselemente der dargestellten Szene andeuten –, steht *Der Jäger* dennoch für das genaue Gegenteil des Futurismus.

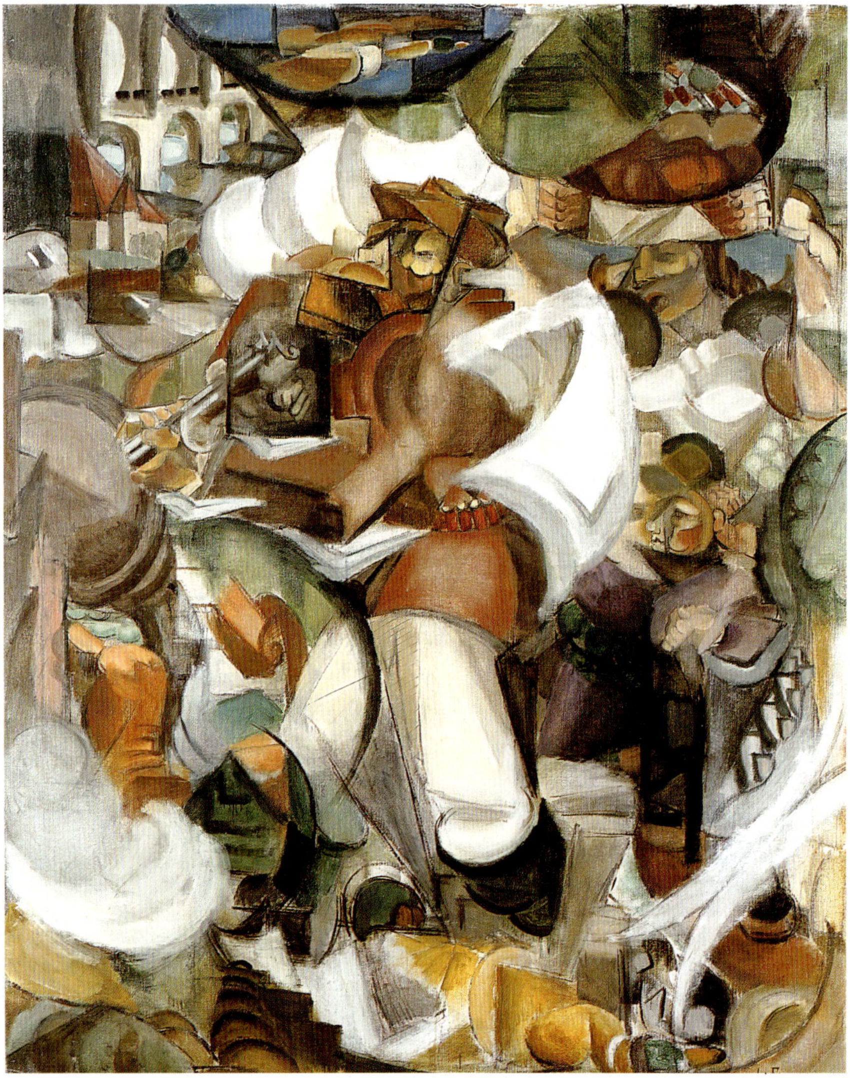

37
HENRI LE FAUCONNIER
Der Jäger 1911/12
Öl auf Leinwand
203 x 166,5 cm
Haags Gemeentemuseum, Den Haag

38
FERNAND LÉGER
Die Hochzeit 1912
Öl auf Leinwand
257 x 206 cm
Musée National d'Art Moderne, Centre Georges Pompidou, Paris

Das Gemälde, mit den theoretischen Ambitionen seines Urhebers befrachtet, ist übermäßig kompliziert und schwer zu entziffern. Im Mittelpunkt steht der Jäger, der mit einem Gewehr auf Stockenten schießt, von denen einige über und unter ihm davonstieben. Es scheint, dass diese Figur nach Le Fauconniers Konzept zumindest auf einer bestimmten Ebene für ihn selbst (oder für »den Künstler«) stehen sollte. Der Jäger ist formal und thematisch der Ursprung der Dynamik dieses Bildes:

explosiv, zerstörerisch und disharmonisch, von Pulverdampf und toten Enten umgeben, aber auch von der Figur aus *Überfluss* und ihrem Sohn, Repräsentanten einer gegenseitig bereichernden Beziehung zwischen dem Menschen und der Natur. Wir können daher schließen, dass der Jäger mit der modernen Welt der Gewalt und der Welt des Metallischen gleichzusetzen ist, wobei letztere durch den Künstler vermittelt wird, der eine visuelle Sprache gefunden hat, um diese Welt darzustellen. Für diese Schlussfolgerung sprechen einige Details: das Nebeneinander von Eisenbahnbrücke und Kirche (Embleme des Modernen und des Traditionellen), die Isolierung und dadurch bedingte Hervorhebung des Gewehrmechanismus, die Zerteilung der ländlichen Umgebung in verstreute Bruchstücke einer Landschaft. Wenn diese Folgerung korrekt ist und Le Fauconnier tatsächlich diese grandiosen Ideen hegte, deuten sie auf eine verstärkte Hinwendung des Malers zum Traditionalismus und eine pessimistische Beurteilung der Moderne.

Auf einer bestimmten Ebene war dieser Pessimismus damals, Ende 1911/Anfang 1912, vielleicht berechtigt, denn die zweite Marokkokrise im Juli 1911 und ihre Auswirkungen hatten die Wahrscheinlichkeit eines drohenden Kriegs mit Deutschland erhöht. Zu behaupten, dass *Der Jäger* in diesem Sinn eine direkte Reaktion auf die diplomatischen Spannungen war, wäre natürlich absurd – eine Reduzierung der komplexen kulturellen Bewegung, innerhalb derer Le Fauconniers künstlerische Praxis sich ausgebildet hatte, auf ein simples Verhältnis von politischer *Ursache* und künstlerischer *Wirkung*. Doch die Krise, die die Sorge vor einem drohenden Krieg verstärkt und den Projekten einer nationalen Selbstdefinition weiteren Antrieb gegeben hatte, musste zwangsläufig die Spannungen zwischen Traditionalismus und Moderne, zwischen Nationalismus und Avantgarde intensivieren, die schon in *Überfluss* eingeschrieben waren.

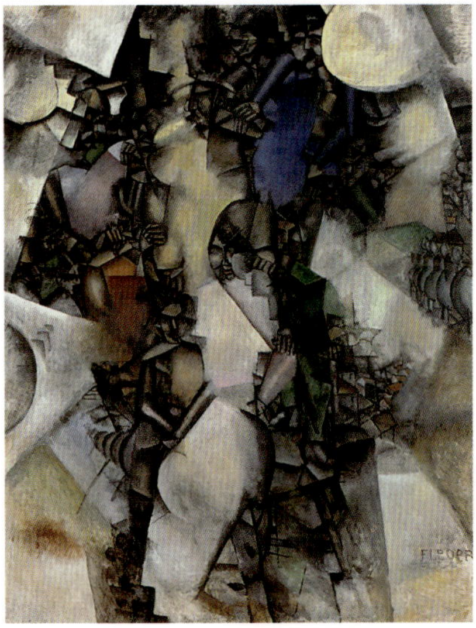

Léger hatte keine solchen Bedenken; er bejahte sowohl die visuelle Dynamik als auch die sozialen Folgen der Modernisierung. Für das großformatige Gemälde *Die Hochzeit* (Abb. 38), das ebenfalls auf dem Salon des Indépendants 1912 gezeigt wurde, entlehnte er von den Futuristen das Konzept der »Bewusstseinszustände« und von Le Fauconnier die Technik zu deren Darstellung: Verschiedene Ansichten des Geschehens, eingefügt zwischen den fragmentierten Formen der Teilnehmer – unter denen sich als zentrale Hauptfiguren Braut und Bräutigam ausmachen lassen –, deuten an, dass das Gemälde die Erinnerungen dieses unanimistischen Kollektivs darstellen soll: eine Montage aus Erinnerungsfragmenten statt eines direkt beobachteten Ereignisses. Ebenso komplex und schwer entzifferbar wie *Der Jäger*, ist dieses Gemälde dennoch unter dem Aspekt seiner Simultaneität erfolgreicher, weil kontrollierter. Mit seiner Struktur, die durch die Gegensätze zwischen harten und weichen Formen, zwischen Kurven und Winkeln, zwischen Flächen und Volumen bestimmt ist, und mit seinem Kaleidoskop der Bilder, die von rauchfarbenen Keilen (die Nebel der Erinnerung?) in einer spiralförmigen Bewegung mitgerissen werden – quasi eine Vorwegnahme des »Flashbacks« aus Hollywoodfilmen –, markiert *Die Hochzeit* deutlicher, als Le

Fauconnier dies vermochte, die Unterscheidung zwischen den konzeptuellen und den perzeptuellen Grundlagen der Malerei.

Für die Idee der Simultaneität, wie sie von den Futuristen und den Salonkubisten aufgefasst wurde, war diese Unterscheidung insofern von Belang, als sie die Rolle der künstlerischen Kreativität zu einem wesentlichen Teil darin sahen, eine Mischung von aus der Erinnerung stammenden und gesehenen Elementen eines Motivs zu wählen und auf der Leinwand zusammenzuführen, um somit die Erfahrung der Moderne darzustellen. Diese Abgrenzung war aber auch für eine andere für den Kubismus charakteristische Deutung der Simultaneität wesentlich: die Kombination von radikal verschiedenen und diskontinuierlichen Perspektivenschemas in ein und demselben Bild. Wie schon erwähnt, verkörperte Delaunays Verwendung dieser Technik in dem Eiffelturm-Gemälde, das er in Raum 41 ausstellte (Abb. 35), einen Aspekt seiner künstlerischen Antwort auf die Ideen der Futuristen und die Poesie von Romains. Aber sie hatte vermutlich auch eine andere Quelle in den Gemälden von Picasso und Braque, die er und die übrigen Salonkubisten möglicherweise zum ersten Mal im Winter 1910/11 in Kahnweilers Galerie – durch die Vermittlung von Metzinger (mit dem Delaunay seit 1906 befreundet war) und Apollinaire – sahen. Auch Metzinger selbst hatte sich diese Technik inzwischen angeeignet, wie sein Salongemälde *Zwei Akte* (Abb. 33) zeigt, wo die Fragmentierung der Beine und Schulter der rechten Figur verschiedene Perspektiven vereinigt, allerdings in nicht sehr wirkungsvoller Weise, auch wenn die Vorgehensweise in ihrer Art an Picassos Aktstudien aus dem vorherigen Winter erinnern mag (Abb. 31).

Wie wir sahen, entwickelten Picasso und Braque diese Verbindung divergierender Perspektiven in ihren Gemälden von 1907/08 (Abb. 14, 15), um auf diese Weise, aber auch mittels der Maltechnik der Passage und der inkonsistenten Verteilung von Licht und Schatten, die konventionelle Struktur der Malerei bewusst zu machen. In dem Maße, wie sie ihre Einsicht in diese Struktur und ihre sprachähnliche Beschaffenheit vertieften, reduzierten sie die verschiedenen simultan sichtbaren Ansichten der Bildgegenstände in ihren Gemälden nach und nach auf diagrammartige Symbole. Dies war jedoch nur ein Gesichtspunkt innerhalb ihrer Bemühungen, das Rastergerüst in Verbindung mit dem Übergang von ikonischen zu symbolischen Zeichen stärker hervortreten zu lassen; und die Kombination verschiedener Perspektiven war für sie nur kurze Zeit ein eigenständiges Thema ihrer Malerei. Für andere Kubisten und die mit ihnen sympathisierenden Kritiker wurde diese Technik dagegen zu einem zentralen Stilmerkmal und die Unterscheidung zwischen Konzeption und Perzeption zu einem Grundpfeiler der kubistischen Ästhetik.

Wieder war Metzinger der erste, der sie auf den Begriff brachte. In seinem Artikel vom Herbst 1910 interpretierte er Picassos »freie [und] mobile Perspektiven« und Braques »geschickte Vermischung des Simultanen und des Sukzessiven« anhand von Bergsons Konzept der Zeitdauer. Sein Gemälde *Le Goûter (Frau mit Teelöffel),* das er 1911 auf dem Salon d'Automne ausstellte (Abb. 39), erscheint wie eine anschauliche Demonstration dieser Unterscheidung zwischen Idee und Wahrnehmung. Das französische Wort »goûter« bedeutet sowohl »Nachmittagskaffee« als auch »schmecken«, und wie Christopher Green hervorhebt, vermittelt Metzingers Gemälde einen lebhaften Eindruck von einer angeregten Tätigkeit der Sinne: Mit den Fingern der einen Hand berührt die unbekleidete junge Frau die Untertasse, mit der anderen führt sie

39
JEAN METZINGER
Le Goûter (Frau mit Teelöffel) 1911
Öl auf Holz
75,5 x 69,5 cm
Philadelphia Museum of Art, The Louise and Walter Arensberg Collection

den Teelöffel zum Mund. Doch der Betrachter fühlt ihre Sinneswahrnehmungen nicht, sondern kann sie nur auf der Ebene des Wissens erschließen – ein Unterschied, der durch das diagrammartige Nebeneinander sowie durch die recht pedantische Geometrisierung von Gesicht, Armen und Oberkörper unterstrichen wird.

Diese Unterscheidung wurde nun auch von Kritikern aufgegriffen und weiter ausgearbeitet, denn im Herbst 1911 war der Kubismus so bekannt, dass er vielerorts zum Gegenstand hitziger Diskussionen wurde. Einerseits neigten viele Zeitungskritiker unter dem Einfluss der wachsenden nationalistischen Hysterie im Gefolge der zweiten Marokkokrise dazu, ihn als anstößig und antifranzösisch zu verurteilen, manche gingen sogar so weit, ihn mit der Subversivität des Anarchismus gleichzusetzen. Andererseits traten junge Autoren in den kleinen Zeitschriften vehement für ihn ein. Diese Diskussionen produzierten einen »Kubismus«, der ein reines Konstrukt der Kritiker war: nur selten durch Besprechungen einzelner Gemälde im Visuellen verankert, dafür aber auf philosophischen Ideen und Systemen basierend und mit verschiedenen, nicht nur ästhetischen Fragestellungen befasst. So sah der junge Kritiker Olivier Hourcade Anfang 1912 die Verwendung von Mehrfachperspektiven in der kubistischen Malerei als eine Verkörperung des Unterschieds zwischen der Erscheinung und der Essenz der dargestellten Gegenstände im Sinne der Philosophie Arthur Schopenhauers und Immanuel Kants. Dass dieses Argument nicht nur auf einem irrigen Verständnis von Kants Philosophie beruhte, sondern absolut nichts über wirkliche kubistische Gemälde aussagte, machte nichts. Es bot eine intellektuell anspruchsvolle Begründung des Kubismus, die Hourcade in der Folge für seine persönliche Variante des Nationalismus in Anspruch nahm, indem er behauptete, dass kubistische Gemälde die Essenz einer Rasse und eines Orts offenbarten und daher ein Teil des französischen kulturellen Erbes seien.

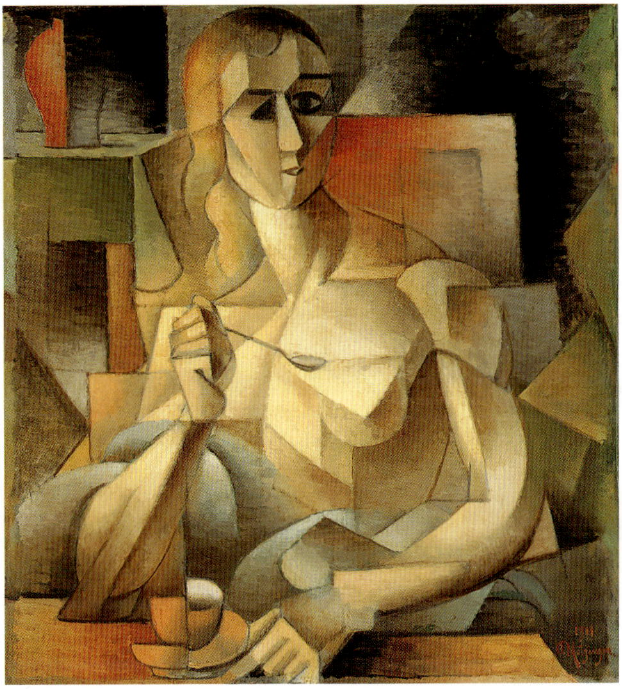

Auf Hourcade folgten bald andere. Im März 1912 meinte Jacques Rivière, in den Mehrfachperspektiven eine Unterscheidung zwischen der flüchtigen Erscheinung der Gegenstände und ihrer Essenz zu erkennen; er verband diesen Ansatz im Anschluss aber mit einer klassischen Ästhetik der Stabilität und des Gleichgewichts, in deren Namen er die »irrsinnige Kakophonie« der kubistischen Gemälde schmähte. Wie Hourcade vermied er es, bestimmte Gemälde zu nennen; und um die intellektuelle Kohärenz zu gewährleisten, deren Fehlen er bei den Kubisten bemängelte, räumte er all die Ambiguitäten und Widersprüche aus, die doch ihre Kunst so fruchtbar machten. Das Resultat war eine reduktive Interpretation, die eine gewisse Verachtung für die Maler und ihre Arbeit verriet und deren ideologisches Fundament sich auch darin zeigte, dass er ausgerechnet André Lhôte favorisierte, den traditionalistischsten Maler unter den Kubisten. Im Gegensatz zu Rivières stahlharter Logik stand der ausschweifende Stil von Maurice Raynals Debüt als Kritiker im Sommer 1912. Auch er bezog sich auf eine angeblich kantianische Unterscheidung zwischen Essenz und Erscheinung (in seinen eigenen Worten: Konzeption und Wahrnehmung), die er um ein breites Spektrum weiterer Bezugspunkte ergänzte – von der Mathematik bis zur Philosophie von George Berkeley und der Malerei von Giotto –, um seine Auffassung des Kubismus als einer konzeptionellen Kunst zu untermauern. Und er zitierte Kants Diktum, Schönheit sei Zweckmäßigkeit ohne Vorstellung eines Zwecks.

Diesen Standpunkt einer, wie Raynal sagte, »reinen« Malerei entwickelte er weiter in seinem bereits erwähnten Beitrag zum Essayband *La Section d'Or* im Herbst desselben Jahres, der bezeichnenderweise das Moment der Tradition betonte und für den Ästhetizismus der Galeriekubisten Partei ergriff, den er als eine Verkörperung dieser »Reinheit« ansah. Raynals Essay war auch in einer weiteren Hinsicht bedeutsam, nämlich in seinem Eintreten für einen Künstler, der, obwohl erst vor kurzem zu den Kubisten gestoßen, in Abwesenheit von Picasso und Braque der führende Vertreter des Galeriekubismus beim Salon de la Section d'Or war. Juan Gris debütierte im selben Jahr beim Salon des Indépendants mit einem überraschend virtuosen Porträt von Pablo Picasso (Abb. 40), seinem Landsmann, dessen künstlerische Innovationen er seit 1906 aus der unmittelbaren Nähe eines benachbarten Ateliers im Bateau-Lavoir beobachtet und nachvollzogen hatte. Gris, ursprünglich Karikaturist für Satirezeitschriften wie *L'Assiette au Beurre*, hatte 1910 zu malen begonnen. Mit dem grafischen Gespür und der visuellen Ökonomie des Illustrators fertigte er Gemälde, die in ihrer streng geometrisierten Komposition die konzeptuellen Aspekte der Techniken des Rastergerüsts und der Mehrfachperspektive betonten. Wenn diese Eigenschaften zunächst seinem künstlerischen Vermögen Grenzen zu setzen schienen – die Verwinkelungen und Komplikationen seines *Bildnis Picasso* sind vielleicht zu stilisiert und formelhaft –, so wurden sie bald wettgemacht durch einen Witz und einen visuellen Einfallsreichtum, die ebenfalls viel seiner früheren Tätigkeit verdankten. So gelang es ihm in *Mann im Café* (Abb. 41), einem seiner Beiträge zum Salon de la Section d'Or, den Bombast von Metzingers *Le Goûter* humorvoll zu unterlaufen und zugleich mit einem Feuerwerk divergierender Perspektiven die gemalte Per-

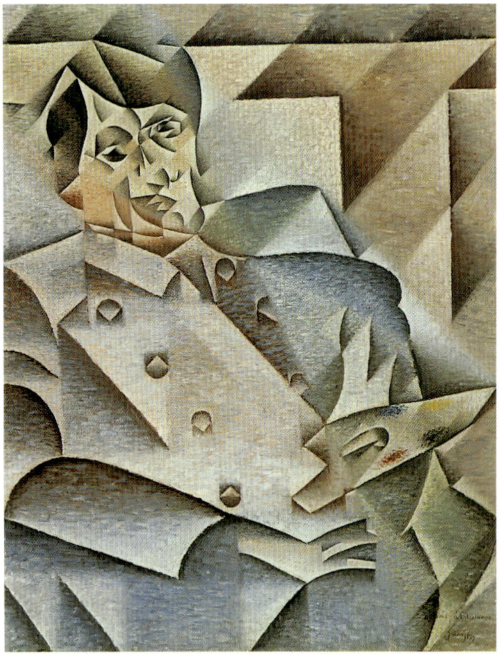

40
JUAN GRIS
Bildnis Picasso 1912
Öl auf Leinwand
74,1 x 93 cm
The Art Institute of Chicago, Schenkung Leigh B. Block

41
JUAN GRIS
Mann im Café 1912
Öl auf Leinwand
128,2 x 88 cm
Philadelphia Museum of Art, The Louise and Walter Arensberg Collection

son in rastlose Bewegung zu versetzen. Deren Aussehen und Gestik muss der Betrachter sich erschließen, indem er das Puzzle der abgebildeten Profile so zusammensetzt, dass sich aus ihrem Verhältnis zueinander ein Sinn ergibt. Die Konzeption ist für derartige Schlussfolgerungen von entscheidender Bedeutung, wie Raynal betonte. »Wir sehen einen Gegenstand nie in allen seinen Dimensionen zugleich«, argumentierte er. »Es muss also darum gehen, die Lücken in unserer Wahrnehmung aufzufüllen. Die Konzeption liefert die Mittel hierfür. Die Konzeption macht uns Gegenstände bewusst, die wir sonst nicht sehen könnten. [...] Wenn es dem Maler also auf diese Weise gelingt, einen Gegenstand in all seinen Dimensionen wiederzugeben, erschafft er ein methodisches Werk, das einer höheren Ordnung angehört als eines, das nur gemäß visueller Dimensionen gemalt ist.«

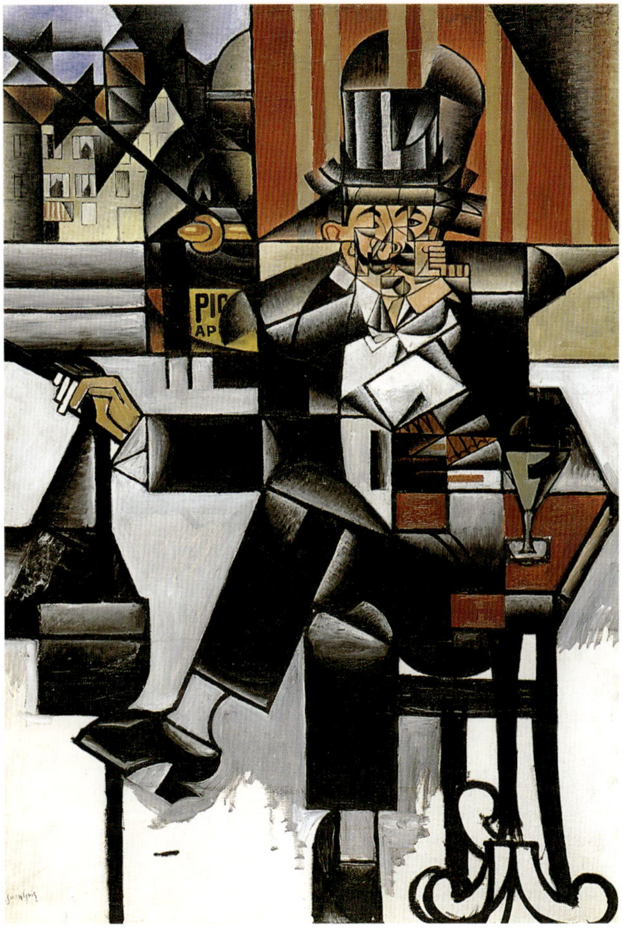

Für Raynal war Gris »der konsequenteste der Puristen« im Salon de la Section d'Or, und er eignete sich bestens als als Mittler zwischen Salon- und Galeriekubismus. Wie zuvor Metzinger war er nun in der Position, die impliziten künstlerischen Prinzipien des Galeriekubismus zu formalisieren und zu verbreiten; und im Lauf der folgenden Jahre entwickelte er eine höchst individuelle Version des Kubismus, die erheblichen Einfluss auf andere Mitglieder der Bewegung ausübte. Dabei blieb er jedoch Picasso und Braque stets nahe; insbesondere in den zwei Jahren bis Kriegsbeginn verfolgte er in seinen Arbeiten weiterhin ihre Entwicklung und bezog sich in seinen Gemälden auf ihre Erforschung der sprachlichen Struktur der bildlichen Darstellung. Während die Künstler und Kritiker des Kreises von Puteaux ihre Notizen verglichen, ihren Enthusiasmus verkündeten und darüber debattierten, wie ihre neuen Bilder zu verstehen seien, trieben Picasso und Braque ihre Forschung mit unbeirrbarer Zielstrebigkeit voran. Ab Mitte 1911 ließen sie ihre individuellen künstlerischen Identitäten zeitweise fast völlig in dem gemeinsam entwickelten Stil des »hermetisch« oder »analytisch« genannten Kubismus aufgehen; einige Monate lang signierten sie nicht einmal ihre Bilder, offenbar in dem Bestreben, zu einer anonymen Kunst zu gelangen. Dieses Bestreben war ein Aspekt des Ästhetizismus des Dichters Stéphane Mallarmé, der die »magische Macht« der Wörter so hoch ansetzte, dass er schrieb, der Dichter müsse sich aus seinem Werk zurückziehen, um den Wörtern die Initiative zu überlassen, die, »durch den Zusammenprall ihrer Ungleichheit in Bewegung versetzt, sich mit wechselseitigem Widerschein entzünden wie Funken, die über Edelsteine huschen«. Eine solche Zurückhaltung erscheint allerdings vor allem für Picasso sehr untypisch, für den die Zurschaustellung seiner kreativen Individualität etwas fundamental Wichtiges war. Das Hintanstellen seines Individualismus lässt also ermessen, welche enorme Bedeutung das Abenteuer des Kubismus und die Zusammenarbeit mit Braque für ihn hatten.

Besonders eine Phase dieses Abenteuers – drei Wochen im August 1911, als beide fast Seite an Seite in dem südfranzösischen Städtchen Céret arbeiteten – führte zu einer Serie von Gemälden, bei denen es in der Tat schwierig ist, zwischen Braque und Picasso zu unterscheiden. Dazu gehören Braques *Mann mit Gitarre* und Picassos *Akkordeonspielerin* (Abb. 42, 43). Obwohl sich manche Unterschiede zwischen beiden Bildern ausmachen lassen – zum Beispiel Braques konsequenteres Festhalten an einem durchgängig flachreliefartigen Raum und sein dickerer Farbauftrag gegenüber Picassos Lust an abrupten räumlichen Brüchen und seinem virtuosen Spiel mit überlappenden transparenten Flächen –, sind die auffallenden Gemeinsamkeiten nicht weniger bedeutend. Beide Maler treiben die Reduktion der Darstellung auf ein Minimum an Zeichen weiter als je zuvor, beide entfernen sich noch radikaler als im vorigen Jahr vom Prinzip der Ähnlichkeit (in der Sprache der Semiotik: ikonische Zeichen) und entwickeln ein Vokabular aus grafischen Markierungen und Bildmotiven, deren Bedeutung in erster Linie von ihrem Verhältnis zueinander sowie ihrer Platzierung im Bild bestimmt wird (in der Sprache der Semiotik: symbolische Zeichen) und das sich bei beiden als ein Spiel von Diagonalen und Dreiecken vor einem rechtwinkligen Raster zeigt. Dabei vertrauen beide jedoch an entscheidenden Stellen auf isolierte, ikonisch gemalte Details – ein Stück Vorhangkordel, das Griffbrett einer Gitarre, die Bälge eines Akkordeons – als Schlüssel oder Hinweise zum Verständnis ihrer Bilder. Die Verwendung mehrfacher Perspektivenschemas spielt hier eine bedeutende Rolle, denn sie macht sichtbar, dass die Perspektive nur eine Konvention der Malerei ist, und lässt zugleich dem Maler größere Freiheit bei der Anordnung dieser Details ohne Rücksicht auf die Forderung nach illusionistischer Kohärenz. So

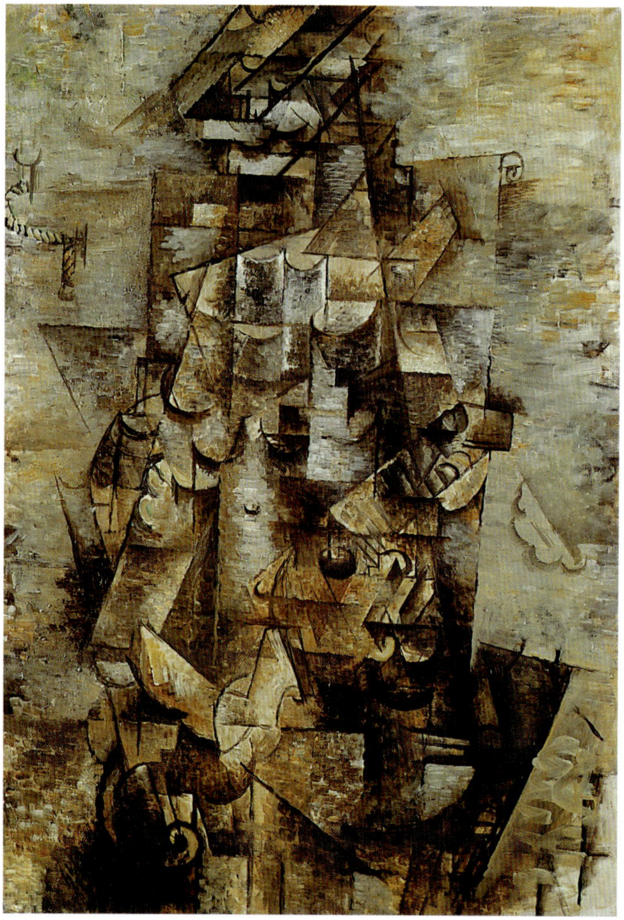

42
GEORGES BRAQUE
Mann mit Gitarre
1911
Öl auf Leinwand
116,2 x 80,9 cm
The Museum of Modern Art, New York, erworben durch das Vermächtnis Lillie P. Bliss

43
PABLO PICASSO
Akkordeonspielerin
1911
Öl auf Leinwand
130 x 89,5 cm
Solomon R. Guggenheim Museum, New York

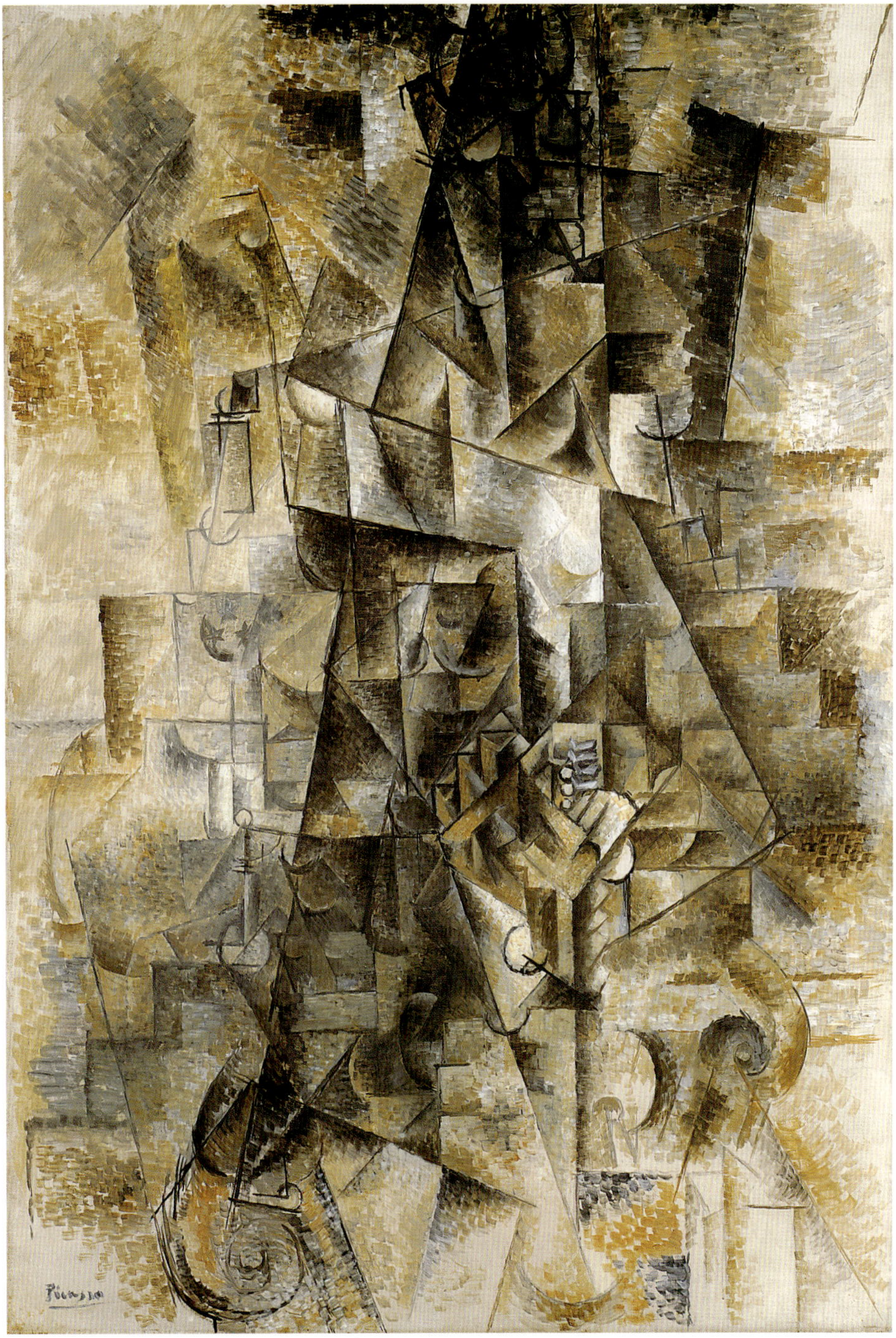

genügen in beiden Gemälden die spiraligen Formen unten rechts und links – die die Armlehnen markieren – sowie ihre Platzierung in diesem Teil des Bildes, um die Stühle anzudeuten, auf denen die musizierenden Personen sitzen; zugleich sind sie aber auch Elemente in einem differenziellen System aus Kreisbögen und geraden Linien, in dem Erstere etwa für Ärmel, Augenlider, Schalllöcher und so weiter stehen. Doch in beiden Bildern gibt es auch ein Zuviel an illusionistischem Raum, und besonders Picasso spielt mit den Mitteln der illusionistischen Malerei in einer Weise, die, wenn sie im Geiste Mallarmés den wechselseitigen Widerschein zwischen ihnen entzündet, dennoch droht, das Bild letztlich unverständlich zu machen.

Durch eine zweite Begegnung mit der afrikanischen Kultur, die für Picasso ebenso wichtig war wie jene erste, die entscheidend zu *Les Demoiselles d'Avignon* beigetragen hatte, fand er im folgenden Jahr einen Weg, um diese Spannung zwischen symbolischen und ikonischen Zeichen für räumliche Tiefe zu überwinden. Im Sommer 1912 kaufte er in Marseille eine westafrikanische Grebo-Maske (Abb. 45). Wie Kahnweiler als Erster bemerkte, bezeugte diese Maske »die Auffassung, dass die Kunst darauf zielt, Zeichen zu erschaffen. Das menschliche Gesicht, das man darin ›sieht‹ oder vielmehr ›liest‹, stimmt keineswegs mit den Details des Zeichens überein, die zudem isoliert für sich genommen bedeutungslos wären. [...] Die Haut, die man auf diesem Gesicht sieht, existiert nur im Bewusstsein des Betrachters, der sie sich ›vorstellt‹, der in seiner Vorstellung das Volumen dieses Gesichts *vor* der flachen Oberfläche der Maske erzeugt, an den Enden der vorstehenden Augenzylinder, die dadurch als Augen in ihren Augenhöhlen gesehen werden.« Picasso, der in dieser Maske die Rudimente eines nicht ikonischen Systems zur Darstellung von räumlicher Tiefe erkannte, übernahm diese Technik in seiner kleinen, aus Karton gefertigten *Gitarre* vom Oktober 1912 (Abb. 44), in der, wie Yve-Alain Bois schreibt, »ein Schallloch in den Raum vorsteht und die virtuelle Außenfläche des Instruments in nicht mimetischer Weise durch ein Netz von kontextuellen Gegensätzen erzeugt wird« – anders gesagt: durch ein Netz von symbolischen Zeichen.

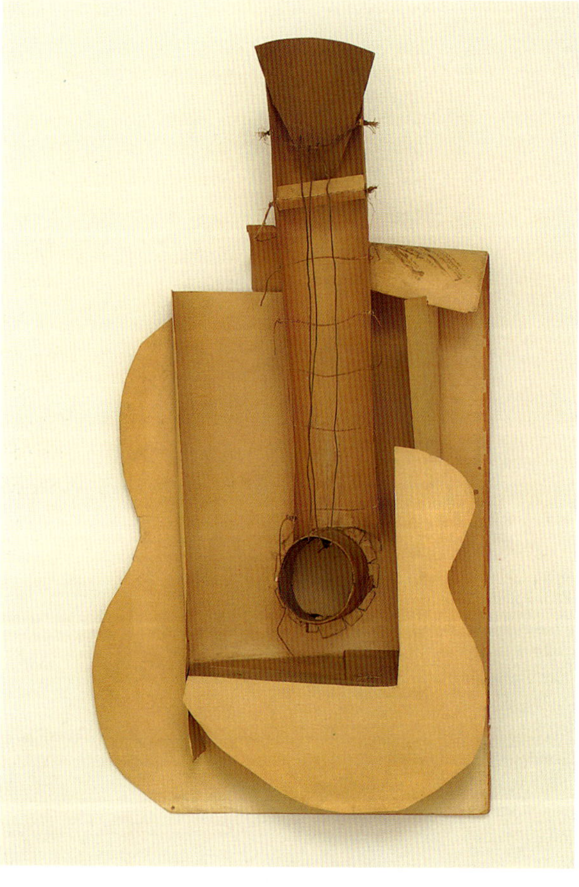

Wenn diese Analyse den Übergang von ikonischen zu symbolischen Zeichen vielleicht allzu abrupt und vollständig erscheinen lässt – schließlich spielt in dem Moment, wo wir die *Gitarre* erkennen, Ähnlichkeit immer noch eine große Rolle –, so hilft sie uns, das Ende der hermetischen oder analytischen Phase des Galeriekubismus zu verstehen und auf den Herbst 1912 zu datieren; und sie dient auch dazu, diese Phase von der folgenden zu unterscheiden. Hatten Picasso und Braque in der ersten Phase den Wechsel von ikonischen zu symbolischen Zeichen erforscht und dessen Implikationen erarbeitet, dann war in der zweiten Phase ihr so gewonnenes kubistisches Zeichenvokabular nicht mehr das Ziel, sondern der Ausgangspunkt eines jeden neuen Gemäldes. Was wir heute den »synthetischen« Kubismus nennen, begann mit ihrer Erfindung der Collage. Dieses Medium erlaubte ihnen, das System der nicht illusionistischen Zeichen für räumliche Tiefe, Oberfläche und Transparenz – das Picassos *Gitarre* zunächst in den drei Dimensionen der Skulptur erstellt hatte – in die Zweidimensionalität zu übertragen. Wie wir im nächsten Kapitel sehen werden, ging es in der Collage aber nicht nur um solche formalen Fragen.

Picasso und Braque waren nicht die einzigen Kubisten, die ihre Arbeit relativ isoliert von dem diskussionsfreudigen Kreis von Puteaux vorantrieben. Auch Robert und Sonia Delaunay distanzierten sich seit Anfang 1912 mehr und mehr von diesem Kollektiv und arbeiteten unabhängig an künstlerischen Problemen, die sich von den Fragestellungen der Galeriekubisten sehr unterschieden, jedoch wie diese in wesentlichen Aspekten die »sprachliche Struktur« der Malerei betrafen. Im Brennpunkt stand der Begriff »Simultaneität« und dessen vielfältige Bedeutungen. Wie schon gesagt, verband Robert Delaunays Gemälde des Eiffelturms vom Salon des Indépendants 1911 seinen Enthusiasmus für die Erfahrungen des modernen Großstadtlebens mit einer künstlerischen Auseinandersetzung hinsichtlich der Wahrnehmung und Darstellung von räumlicher Tiefe, in der er Cézanne und Rousseau als seine Vorläufer ansah. Diese Aspekte traten zwar auch in den beiden anderen Stadtansichten zutage, die er in Raum 41 ausstellte, doch diese boten keine so ambitionierte Aussage wie der *Turm*. Dennoch bildeten diese beiden Gemälde, und nicht der *Turm*, den Ausgangspunkt, als er – zunächst allein, später in Zusammenarbeit mit Sonia – eine unverwechselbare, radikale und einflussreiche Art der künstlerischen Darstellung der Moderne entwickelte.

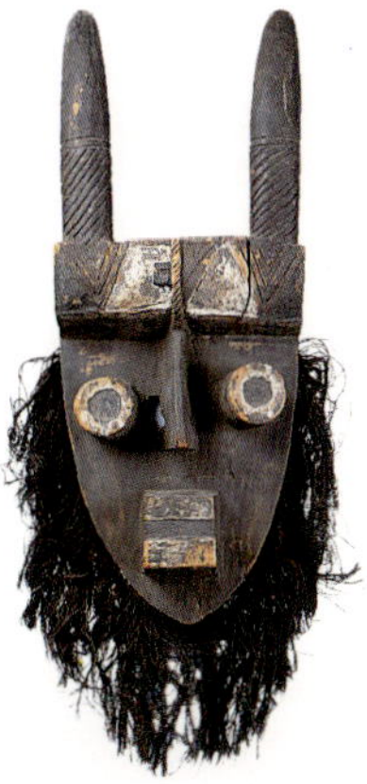

44
PABLO PICASSO
Maquette für die *Gitarre* 1912
Karton, Schnur und Draht (restauriert)
65,1 x 33 x 19 cm
The Museum of Modern Art, New York, Geschenk des Künstlers

45
Grebo-Maske aus Westafrika
Musée Picasso, Paris

Die Stadt Nr. 2 (Abb. 46) zählt zu einer 1909 begonnenen, unregelmäßigen Serie von Kompositionen, deren gemeinsame Grundlage eine Ansichtskarte mit dem Eiffelturm war, gesehen von der Höhe des Arc de Triomphe aus (Abb. 47). Das Bildmotiv erlaubte dieselbe Erfahrung einer steilen Perspektive, betonte jedoch die Häuser im Vordergrund; Delaunay überzeichnete hier den abwärts gerichteten Blick und verdeutlichte das Konzept des Bildes als Fenster, das nun die Aufmerksamkeit des Betrachters sowohl auf die Bildoberfläche als auch auf seine eigene Subjektivität lenkt. Beides verdankt sich wesentlich einem Netz von neoimpressionistischen Pinselstrichen, die zugleich Lichtreflexe auf einer Fensterscheibe suggerieren und die Luftbildperspektive andeuten, die das starre Muster der Dachgiebel auflockert. Delaunay erkannte das Potenzial dieser Technik und wiederholte sie in den nächsten Gemälden dieser Serie, und in *Das Fenster zur Stadt Nr. 3* (Abb. 48) verwendete er sie als Mittel für eine radikal andere Art der Darstellung der Simultaneität. In diesem Gemälde bedeckt das Netz der Pinselstriche – das hier, ausgehend vom Wechsel von Licht und Schatten der Dachlandschaft, ein konsistentes diagonales Schachbrettmuster bildet – fast die gesamte Bildfläche und überlagert ein großflächigeres Schachbrettmuster aus Quadraten, die er aus denselben Zügen des Bildmotivs isolierte. Das resultierende komplexe Raster erscheint zwar formelhafter als die Linienraster in den Gemälden von Picasso und Braque, doch es dient sowohl in formaler Hinsicht wie in Bezug auf die »sprachliche« Struktur einem

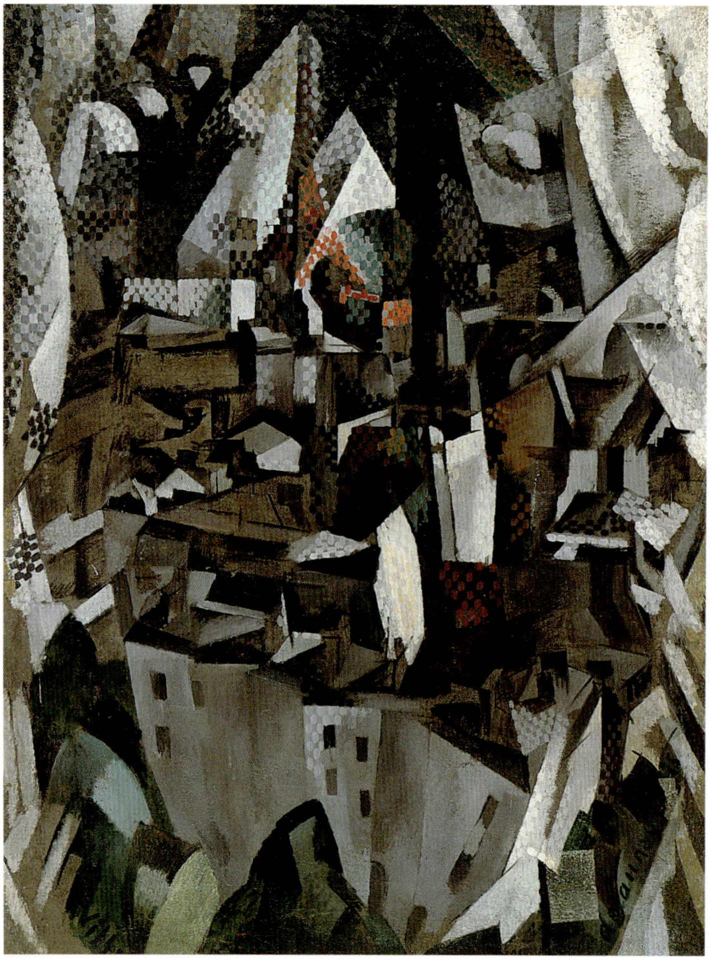

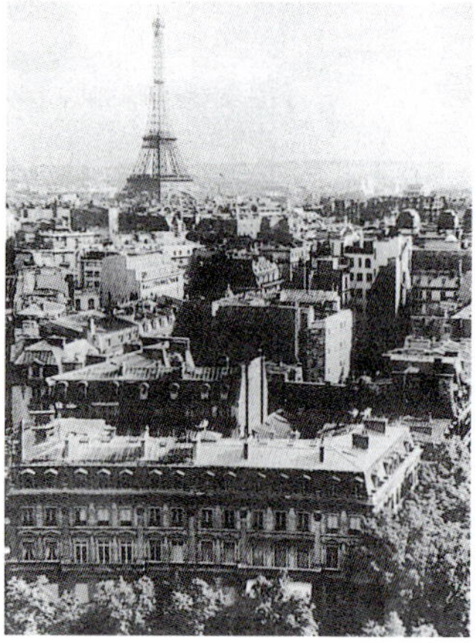

ähnlichen Zweck: Es bindet die Illusion von räumlicher Tiefe an die Bildoberfläche, und es verlagert die Aufgabe der Darstellung von ikonischen auf symbolische Zeichen – von einer in der Illusion verhafteten Bildhaftigkeit zu einer Bildkonstruktion, in der die Bedeutung der Formen von ihrer Platzierung im Raster abhängt.

Wiederum, wie schon 1909, war es Delaunays intensive Beschäftigung mit Fragen der Wahrnehmung und der Moderne, die seine Forschungen und Ergebnisse von den konzeptuellen und formalen Entwicklungen des Galeriekubismus unterschied. Anders als in den Arbeiten von Picasso und Braque aus dieser Zeit spielt Farbe in *Das Fenster zur Stadt Nr. 3* eine wesentliche Rolle. Obwohl die Beziehungen zwischen Nachbarfarben in diesem Gemälde auf den Einsatz von Sonnenlicht und Schatten durch Komplementärfarben zurückgehen, den die Impressionisten so meisterhaft beherrschten, sind sie hier willkürlicher gewählt als im Impressionismus, weniger in der Nachahmung der Natur verankert. Doch sie beleben zugleich die Bildfläche und erzeugen unabhängig von der Perspektive, allein durch den Kontrast von warmen und kalten Farben, den Eindruck eines räumlichen Zurückweichens. In den nächsten Monaten arbeitete Delaunay diese Technik weiter aus, und im Sommer 1912 führte er die Metapher Fenster/Bild in einer Serie von mehr als einem Dutzend Gemälden bis an den Rand der Abstraktion. *Fenster, sich gleichzeitig öffnend (1. Teil, 3. Motiv)* ist ein Bild aus dieser Reihe (Abb. 49). Delaunay verzichtet hier auf das Netz der impressionistischen Pinselstriche und arrangiert eine Anzahl von Spektralfarben anhand der räumlichen Staffelung von den orangefarbenen Fenstervorhängen im Vordergrund zum blauen Himmel und dem grünen Profil des Turms im Hintergrund. Wie in den hermetischen Gemälden von Picasso und Braque wird das Verständnis der Darstellung durch den rudimentären ikonischen Charakter dieser Bildelemente gewährleistet. Doch anders als deren Erforschung und Präsentation der sprachlichen Magie der Malerei um ihrer selbst willen – oder vielleicht um ihrer Andeutung einer Realität jenseits der Erscheinungen willen – setzt Delaunay, indem er diese komplexe und fragmentierte Darstellung der Stadt zwischen den äußeren Grenzen des Bildrahmens/Fensters und der inneren Grenze des fernen Turms einfasst, die Erfahrung, das Bild zu entziffern, gleich mit der aktiven, konstruktiven Beschaffenheit der visuellen Wahrnehmung, die für das Leben unter den Bedingungen der modernen Großstadt typisch ist.

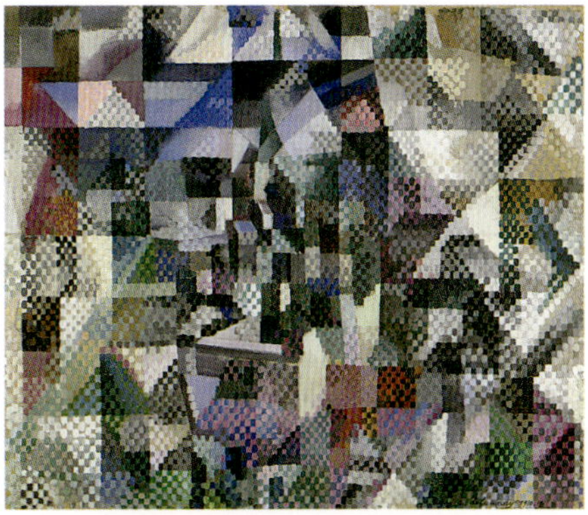

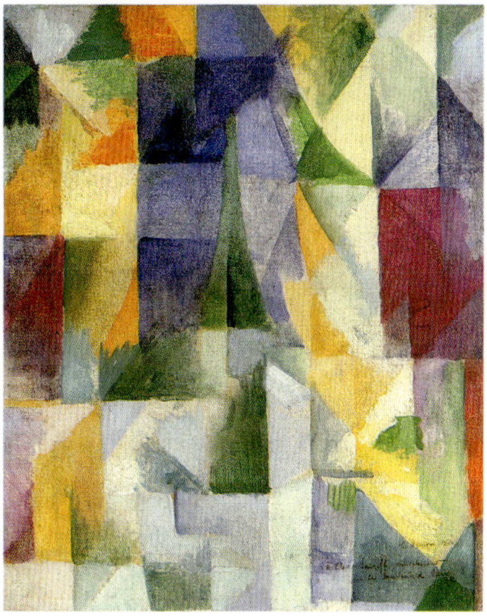

46
ROBERT DELAUNAY
Die Stadt Nr. 2 1910
Öl auf Leinwand
146 x 114 cm
Musée National d'Art Moderne, Centre Georges Pompidou, Paris

47
Postkartenmotiv aus dem Besitz von Robert Delaunay mit Blick vom Arc de Triomphe auf den Eiffelturm
Um 1911

48
ROBERT DELAUNAY
Das Fenster zur Stadt Nr. 3 1911/12
Öl auf Leinwand
113,7 x 130,8 cm
Solomon R. Guggenheim Museum, New York

49
ROBERT DELAUNAY
Fenster, sich gleichzeitig öffnend (1. Teil, 3. Motiv) 1912
Öl auf Leinwand
45,7 x 37,5 cm
Tate, London

In seinen Arbeiten aus dieser Periode begann Delaunay also das, was Virginia Spate die »aufzählende« Simultaneität seiner früheren Gemälde nennt – zum Beispiel die Verknüpfung mehrerer Ansichten des Eiffelturms aus verschiedenen

Perspektiven in einem Bild –, durch eine »perzeptuelle« Simultaneität zu ersetzen, die in den Augen des Betrachters durch die Entzifferung nicht ikonischer Zeichen entsteht. Diese Entwicklung stützte sich auf Delaunays Studium der Farbtheorie, insbesondere der Schriften von Eugène Chevreul, einem Naturwissenschaftler des 19. Jahrhunderts, dessen »Gesetz der simultanen Farbkontraste« beschreibt, wie die Platzierung von Komplementärfarben unmittelbar nebeneinander dazu führt, dass sie wechselseitig ihre Leuchtkraft steigern. Im Sommer 1912 entwarfen Robert und Sonia Delaunay in enger Zusammenarbeit eine Ästhetik auf der Grundlage dieser neuen Erkenntnis des konstruktiven Potenzials der Farben – eine Ästhetik, die in der Realität der Wahrnehmung verankert war, doch auch ihre metaphysischen Obertöne hatte. »Ohne unser visuelles Empfindungsvermögen gibt es weder Licht noch Bewegung«, steht in Robert Delaunays Notizen zu einem Essay über das Licht

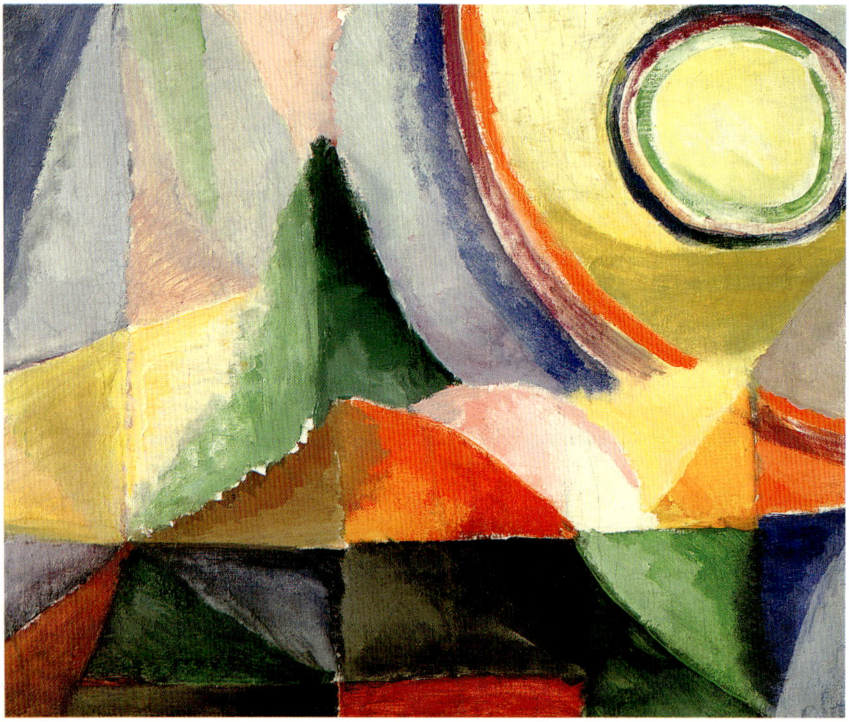

50
SONIA DELAUNAY
Simultankontraste
1912
Öl auf Leinwand
45,5 x 55 cm
Musée National d'Art Moderne, Centre Georges Pompidou, Paris

zu lesen. »Das Licht erzeugt in der Natur die Bewegung der Farben. Die Bewegung ist gegeben aufgrund der ungleichen Kontrastverhältnisse zwischen den Farben, die die Realität ausmachen. Wenn diese Realität in die räumliche Tiefe reicht (wir sehen bis zu den Sternen), wird sie *rhythmische Simultaneität.«* Offenbar hat Sonia Delaunay als Erste die Implikationen dieser Idee auf der Leinwand realisiert: Wenn es darum geht, das Licht selbst darzustellen, und zwar mit Mitteln der Farbe, dann ist das Malen des Lichts gleichbedeutend mit ungegenständlicher Malerei. Die Serie der *Simultankontraste,* die sie im Sommer 1912 zusammen mit Robert malte (Abb. 50), sind wie seine *Fenster* durch die rudimentär ikonischen Zeichen des Turmdachs noch in der darstellenden Malerei verankert; doch indem sie die Fenstervorhänge durch die Sonne und deren umgebenden Lichtschein ersetzte,

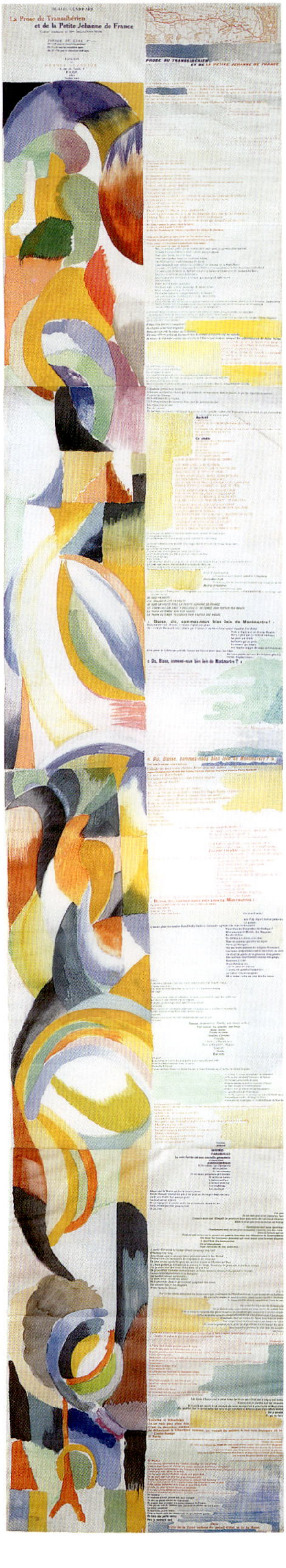

51
SONIA DELAUNAY UND BLAISE CENDRARS
La Prose du Transsibérien et de la Petite Jehanne de France (Deutsch: *Die Prosa von der Transsibirischen Eisenbahn und der Kleinen Jehanne von Frankreich*) 1913
Aquarell und Text, auf Papier gedruckt
192,3 x 35,6 cm
Tate, London

lockerte sie den Griff dieser Zeichen und platzierte das Bild auf der Schwelle zur Abstraktion.

Im folgenden Jahr überschritt sie diese Schwelle und bot zugleich noch eine weitere Interpretation von Simultaneität. Ende 1912 hatte Apollinaire die Delaunays mit dem jungen Dichter Blaise Cendrars bekannt gemacht. In den ersten Monaten des Jahres 1913 schrieb er ein langes Gedicht mit dem Titel *Die Prosa von der Transsibirischen Eisenbahn und der Kleinen Jehanne von Frankreich* über die Erinnerungen, Gedanken und Fantasien, die einem jungen Dichter durch den Kopf gehen, während er zusammen mit einer noch jüngeren französischen Prostituierten mit der Eisenbahn quer durch Russland reist. Das Gedicht endet mit ihrer Ankunft in Paris, das Cendrars hymnisch besingt als den Mittelpunkt der Welt und seines eigenen Lebens. Cendrars vereinbarte mit Sonia Delaunay, dass sie das Gedicht illustrieren sollte, um es dann als gemeinsame Arbeit beider zu veröffentlichen. Das Resultat war ein fast zwei Meter langer, vertikaler Papierbogen, der leporelloartig gefaltet werden konnte (Abb. 51). Cendrars' Gedicht, in zwölf verschiedenfarbigen Schrifttypen gesetzt, nimmt die rechten Seite in ihrer gesamten Länge ein, während Sonia Delaunays visuelle Begleitung auf der linken Seite erscheint und stellenweise Lücken auffüllt, die das unkonventionelle Layout des Gedichts ließ. Mit ihrem synkopierten Rhythmus von Bögen, Winkeln und vibrierenden Farben bildet die Künstlerin einen Kontrapunkt und eine Ergänzung zum Text und bietet einen »Simultankontrast«, sodass das Gedicht zugleich als Ganzes und als sequenzielle Folge von Bildern gesehen werden kann.

Letztlich stellten sie nur 62 Exemplare fertig, doch ursprünglich hatten Sonia Delaunay und Cendrars geplant, diese Arbeit in einer Auflage von 150 zu veröffentlichen – angeregt von der Vorstellung, dass alle zusammen bis zur Spitze des Eiffelturms reichen würden, der nicht nur das abschließende Bild des Gedichts war, sondern das Emblem einer Simultaneität, deren zahlreiche Dimensionen er prägnanter und vollständiger verkörperte als irgendein anderes Produkt dieser Zeit.

4 Moderne Kunst und Populärkultur

Bald nach ihrer Hochzeit mit Robert Delaunay 1910 gab Sonia Terk für die nächsten zwei Jahre die Malerei praktisch auf. Obwohl sie in Kunstakademien in Deutschland und Paris studiert und schon eine erste Einzelausstellung gehabt hatte (1908 zeigte sie in einer Galerie des Montparnasse Arbeiten in einem fauvistischen, von Gauguin beeinflussten Stil), verlegte sie sich nun auf die Gestaltung und Herstellung von dekorativen kunstgewerblichen Objekten in verschiedenen Medien: Stickereien, Wandteppiche, Buchumschläge, Kleider. Der unmittelbare Grund hierfür waren ihre Schwangerschaft und die Geburt ihres Sohnes Charles im Jahr 1911, die, wie man wohl annehmen darf, es ihr schwer machten, die unbeirrbare Konzentration zu bewahren, die die Malerei erfordert. Allerdings hatte sie schon bald nach Beginn ihrer Beziehung zu Robert Delaunay im Jahr 1909 eine erste Stickerei angefertigt, was darauf schließen lässt, dass auch andere Faktoren eine Rolle spielten. Und diese Faktoren waren, wie wir sehen werden, von Bedeutung für wesentliche Aspekte der Kunst der Delaunays und der gesamten kubistischen Bewegung.

Einer dieser Faktoren war die Geschlechterfrage. Wie schon im ersten Kapitel erläutert, bedeutete die in den künstlerischen Avantgarden des frühen 20. Jahrhunderts vorherrschende regressive Einstellung zu den unterschiedlichen gesellschaftlichen Rollen der Geschlechter, dass Frauen eine gleichberechtigte Beteiligung verwehrt wurde; die einzigen Bereiche, die ihnen – mit wenigen Ausnahmen – offen standen, waren die der Muse, der Mutter und der Managerin der Karriere ihres Mannes. Sonia Delaunay war eine dieser Ausnahmen, doch auch sie spürte den Druck, sich anzupassen. »Vom ersten Tag unseres Zusammenlebens an«, erinnerte sie sich später, »spielte ich die zweite Geige«, und bis nach Robert Delaunays Tod hatte sie keine Einzelausstellung ihrer Gemälde mehr. Zu den Aufgaben einer Mutter zählte damals auch die Herstellung von häuslichen dekorativen Objekten. Männer, die einerseits die patriarchalische Ordnung durch den Feminismus und die »neuen Frauen« bedroht sahen, andererseits Frankreichs nationale Sicherheit durch die sinkende Geburtenrate gefährdet wähnten, betonten in allen Bereichen der öffentlichen Diskussion die häusliche Rolle der Frauen. Kunstgewerbliche Organisationen führten seit den neunziger Jahren des 19. Jahrhunderts Kampagnen für eine Rückkehr zur Tradition des Ancien Régime, als aristokratische Frauen sich mit der Herstellung von kunsthandwerklichen Luxusobjekten beschäftigten, und unterstützten die Anschauung, dass dies zu den Fähigkeiten gehöre, die man von einer jungen Dame erwarten könne. Dass Robert Delaunays Mutter in der Zeit um 1909 ihr Talent in diesem Bereich finanziell

52
ROBERT DELAUNAY
Die Mannschaft von Cardiff 1912/13
Öl auf Leinwand
195,5 x 132 cm
Stedelijk Van Abbemuseum, Eindhoven

nutzte, indem sie Stickmuster mit Blumenmotiven entwarf, könnte Sonia Delaunays Hinwendung zur dekorativen Kunst ebenfalls beeinflusst haben.

Sie stand aber auch in Einklang mit der Haltung einer starken Strömung des Populismus in der Kulturpolitik der Vorkriegszeit. Nach dem Auseinanderbrechen des Linksblocks 1905/06 führte die Furcht der bürgerlichen Schichten vor einem Aufruhr der Arbeiterklasse unter anderem zu Bemühungen, die Kunst zu demokratisieren und den Zugang zur Kunst zu erweitern, indem man die Herstellung und den Konsum dekorativer Kunst propagierte, insbesondere wenn sie ihren Ursprung in traditionellen, provinziellen Lebensweisen hatte. Wie Roger Marx, einer der wichtigsten Vertreter dieser Bemühungen 1909 erklärte, »können die dekorativen Künste nicht auf eine einzige gesellschaftliche Klasse beschränkt werden, denn sie gehören allen, ungeachtet von Rang oder Reichtum: Sie sind die Künste des Herdes und der Gartenstadt, [...] der kostbaren Juwelen und der bäuerlichen Stickereien; und sie sind auch Künste des Bodens, der Rasse und der Nation.« Robert Delaunay teilte diese populistische Haltung, ursprünglich jedoch nicht die damit einhergehende Begeisterung für die dekorativen Künste. Vielmehr führte seine unorthodoxe künstlerische Ausbildung – er war zwei Jahre lang bei einem Bühnenbildner im Pariser Arbeiterviertel Belleville in die Lehre gegangen – ihn dazu, sich mit populären Traditionen der Malerei zu identifizieren, den Traditionen der »Kirmes- und Friseursalon-Maler«, wie er sie nannte, in denen er den »unaffektierten und direkten Ausdruck dieser Handwerker« sah. Und Henri Rousseau, mit dem er zu dessen Lebzeiten eng befreundet war, betrachtete er als »das Genie, die kostbare Blüte« dieser Kultur.

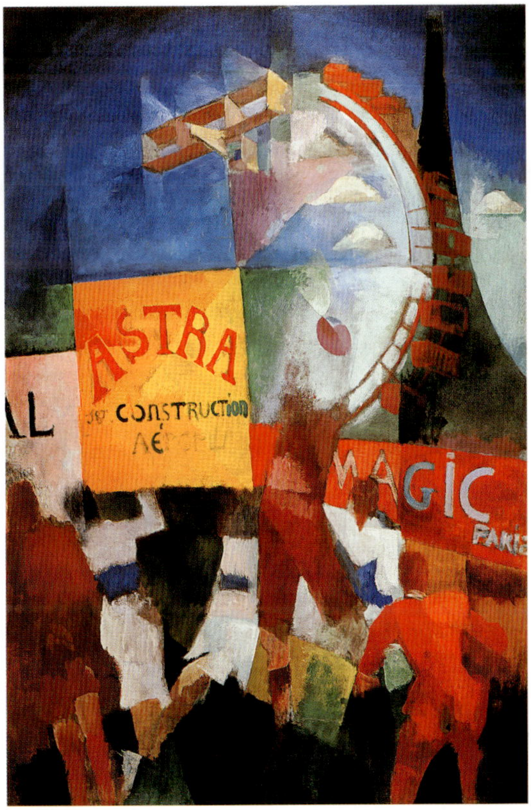

Im Sinne dieses Populismus betrachteten Robert und Sonia Delaunay konsequenterweise das allgemeine Publikum – die Massen der Besucher des nicht jurierten Salon des Indépendants, des einzigen Salons, in dem sie ausstellten – als wichtigsten Adressaten für ihre Malerei. Robert Delaunay machte sich ständig Sorgen um die Verständlichkeit ihrer Experimente für dieses Publikum: »Was unsere Arbeiten betrifft«, schrieb er im April 1912 an Kandinsky, »denke ich, dass das Publikum sich bemüht, sich an sie zu gewöhnen [...]. Für dieses Publikum sind sie im Moment noch unverständliche Realitäten. Und ich bin mir sicher, dass das mein Fehler ist. Die primitive Steifheit des Systems ist für das Publikum noch immer ein großer Stolperstein auf dem Weg zur Freude an diesen Bildern.« Stärker experimentelle Gemälde wie *Fenster, sich gleichzeitig öffnend* und *Simultankontraste* wurden daher nicht auf dem Salon des Indépendants ausgestellt, sondern nur in avantgardistischen Galerien in verschiedenen

Ländern Europas. Für den Salon wurden großformatige Bilder mit bewusst populären und modernen Motiven gemalt, in denen die Techniken und Schemas der Farbkonstruktion, entwickelt in den experimentellen Arbeiten, nur mäßig und unter dem Vorrang der Verständlichkeit angewendet wurden. Als Beispiele seien Robert Delaunays *Die Mannschaft von Cardiff,* ausgestellt beim Salon des Indépendants 1913, und Sonia Delaunays *Ball Bullier* aus demselben Jahr genannt (Abb. 52, 53), Gemälde über die populären und modernen Themen des Mannschaftssports und der Tanzlokale. 1914 folgten Roberts *Hommage an Blériot* und Sonias *Elektrische Prismen,* hymnische Bilder über die Luftfahrt und das elektrische Licht. Wie eingangs erwähnt, arbeitete Robert an *Politisches Drama* (Abb. 1), als der Krieg dazwischenkam. Offensichtlich blieben ihre populistischen Bestrebungen jedoch erfolglos; jedenfalls kann man aus den Reaktionen der Zeitungskritiker – die mutmaßlich auch für ihre Leser sprachen – ableiten, dass ihre Gemälde ebenso den öffentlichen Spott auf sich zogen wie die der anderen Kubisten. Dennoch war ihre Intention, avantgardistische Experimente für ein modernes Massenpublikum zugänglich zu machen, rein als solche bedeutsam.

Und abermals war es Sonia Delaunay, die eine fruchtbarere Möglichkeit fand, dieses Ziel weiter zu verfolgen. Während ihre kunstgewerblichen Arbeiten in

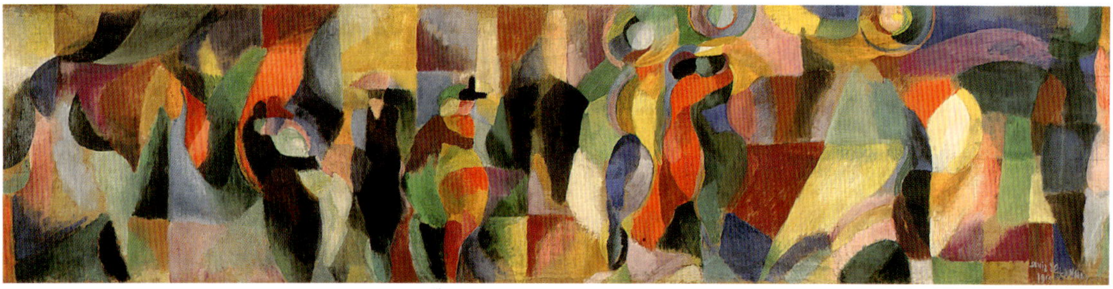

ihrem Ursprung und Charakter Sonias Position als Frau entsprachen und in ihrer Intention dem Populismus verhaftet waren, stellten sie zugleich auch ein Resultat ihres wachsenden Interesses an kommerziellen Anwendungen des künstlerischen Vokabulars dar, das sie und Robert gemeinsam entwickelten. In *Die Mannschaft von Cardiff* – dessen zentrales Motiv einem Zeitungsfoto von einem Rugbyspiel entnommen war – präsentierte Robert Delaunay auch Reklametafeln, die schon damals allgegenwärtigen Embleme der modernen Konsumgesellschaft. Von dort war es nur ein kleiner Schritt bis zu eigenen Entwürfen für solche Reklame, wie den Plakaten für Dubonnet und andere Hersteller von Konsumartikeln – das heißt von der Bejahung einer zum Kaufhausartikel gewordenen Populärkultur zur aktiven Beteiligung an deren Produktion und damit implizit zur Aufhebung der Schranke zwischen Populärkultur und moderner Kunst. Diese Plakatentwürfe, die Sonia Delaunay ohne Auftrag anfertigte, gelangten zwar nie an die Reklameflächen, doch sie bildeten den Ausgangspunkt für ihre nach dem Krieg begonnene, mehr als fünfzig Jahre währende Karriere als Designerin.

53
SONIA DELAUNAY
Ball Bullier 1913
Öl auf Leintuch
97 x 336,5 cm
Musée National d'Art Moderne, Centre Georges Pompidou, Paris

Andere Künstler der kubistischen Bewegung sahen das Verhältnis der modernen Kunst zur Populärkultur einerseits und zu den dekorativen Künsten andererseits zwiespältiger. Gleizes und Metzinger, die selbst ernannten Sprecher des

Kreises von Puteaux, schrieben in ihrem im Herbst 1912 veröffentlichten Manifest *Du Cubisme* (Über den Kubismus) dem Avantgardekünstler eine unverhohlen elitäre Rolle zu. »Der Künstler muss seine Mission mehr in die Tiefe als in die Breite treiben«, forderten sie; »die Formen, die er wahrnimmt, und die Symbole, in denen er ihre Eigenschaften verkörpert, müssen ihre Distanz von den Vorstellungen der breiten Massen wahren, damit die Wahrheiten, die sie vermitteln, nicht zu Allgemeinheiten verkommen.« Dementsprechend verachteten sie die dekorativen Künste als »die Antithese des Gemäldes«. Doch zu derselben Zeit, als sie ihr Manifest veröffentlichten, schmückten einige ihrer Gemälde auf dem Salon d'Automne die Wände einer Suite von möblierten Räumen, die eine der ambitioniertesten kollektiven Arbeiten der kubistischen Bewegung war. An diesem Projekt unter der Leitung von André Mare, das später unter dem Namen *Kubistisches Haus* bekannt wurde, waren die meisten Mitglieder des Kreises von Puteaux beteiligt, unter anderen Léger, die Brüder Duchamp und Marie Laurencin. Das Ensemble aus Fassade, Eingangshalle, Wohnzimmer und Schlafzimmer stellte für die Besucher des Salons eine ebenso unverkennbare Attraktion dar, wie es der Raum der kubistischen Maler im Jahr davor gewesen war, und machte die Gruppe bekannter als je zuvor. Zwei Wochen nach der Eröffnung des Salons schrieb Roger Allard, dass das *Kubistische Haus* schon mehr Schmähungen auf sich gezogen hatte als jedes kubistische Gemälde (Abb. 54).

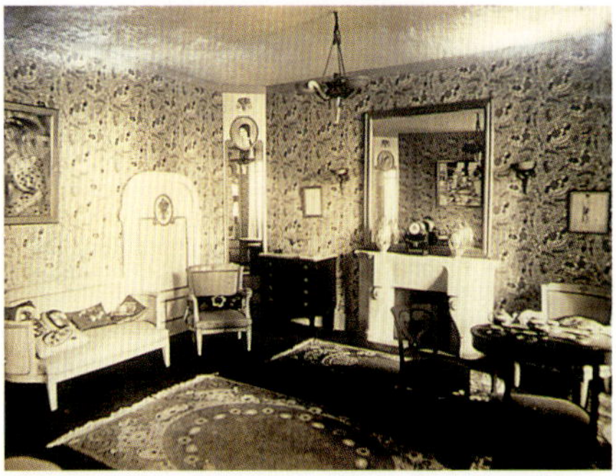

In einem bestimmten Sinn gab dieses Projekt eine direkte Antwort auf die Forderung nach einer Renaissance des Kunstgewerbes und der dekorativen Künste, die weniger vom Populismus als vom Nationalismus getragen wurde. Die Propagandisten dieser Renaissance hatten – alarmiert von der schwindenden internationalen Wettbewerbsfähigkeit der Franzosen auf einem Sektor, den sie einst konkurrenzlos beherrscht hatten – die Idee einer internationalen Kunstgewerbeausstellung ausgerufen, die 1915 stattfinden sollte, um die französische Vorrangstellung zurückzuerobern. Der Bildhauer Raymond Duchamp-Villon, einer der Hauptbeteiligten am *Kubistischen Haus*, erkannte das Risiko: »Eine derartige Initiative ist eine echte Herausforderung, bei der die Überlegenheit des künstlerischen Geschmacks auf dem Spiel steht. Wir müssen bereit sein, unseren früher unangreifbaren Ruf zu verteidigen.« André Mare gab daher Anweisung, »vor allem etwas sehr Französisches zu machen und in der Tradition zu bleiben«. Die Resultate wiesen zumeist die Merkmale jenes provinziellen Klassizismus auf, den Roger Marx und andere propagierten: helle Farben, einfache Linien, einen Verzicht auf förmliche Raffinessen.

54
ANDRÉ MARE UND ANDERE
Kubistisches Haus, Wohnzimmer 1912

Das Projekt war auch eine Reaktion auf einen weniger expliziten Aspekt der Kampagne für das Kunstgewerbe. Wenn es so aussah, als ob ausländische – vor allem deutsche – Konkurrenz das Ansehen der französischen Handwerker zu überflügeln drohte, so bedeutete das Eindringen von Frauen in traditionell männliche Berufe eine Bedrohung ihrer Löhne und Arbeitsplätze. Daher hielt man dieses Gewerbe –

ironischerweise – für zu wichtig, um es den Frauen zu überlassen. Obwohl die Umstände sich bald darauf änderten, als mit Kriegsbeginn die Männer zum Militär einberufen wurden und Frauen wieder als Arbeitskräfte gefragt waren, gab es kurzfristig Bestrebungen, die dekorativen Künste wieder zu einer Domäne der Männer zu machen. Der Art-nouveau-Stil des vorigen Jahrzehnts wurde nun abgelehnt, seine schwungvoll kurvenreichen Ornamente kritisiert. Im Gegensatz dazu hielt man die vorherrschenden Stilmerkmale des *Kubistischen Hauses* – das Einfache, Strenge, Kraftvolle – nicht nur für klassisch, sondern auch für maskulin. So ist es plausibel, das Projekt als den Versuch zu interpretieren, wie die Kunsthistorikerin Nancy Troy schreibt, die dekorativen Künste und insbesondere die häusliche Inneneinrichtung als angemessene männliche Betätigungsfelder zu definieren – auch wenn dieser Versuch vielleicht durch die Beteiligung von Marie Laurencin beeinträchtigt war, deren vier kreisrunde Gemälde mit Frauenköpfen im Wohnzimmer wie Musen über dem Gesamtensemble thronten.

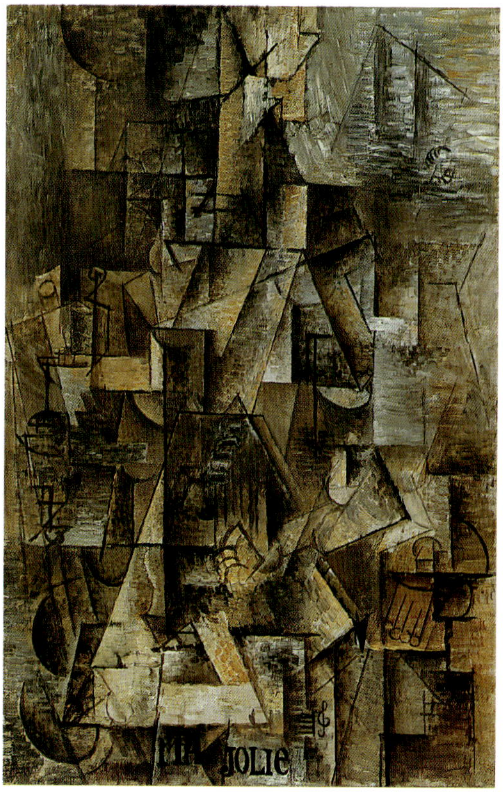

In einer entscheidenden Hinsicht stand das *Kubistische Haus* jedoch in unausgesprochenem Gegensatz zu der Kampagne für die dekorativen Künste. Bei aller Provinzialität ihres stilistischen Bezugsrahmens waren die beteiligten Künstler (mit Ausnahme vielleicht von Duchamp-Villon) kaum an populistischen Gesten interessiert. Die Objekte, die sie für dieses Projekt gestalteten, waren keine preiswerten Alltagsgegenstände, sondern Luxusgüter, gedacht für das begüterte Bürgertum, das sie tatsächlich gerne kaufte: Viele Einzelstücke des Ensembles waren schon vor der Eröffnung des Salons verkauft, etwa an den Modeschöpfer Poiret.

Die im Projekt des *Kubistischen Hauses* implizite Ablehnung der Bestrebungen zur Industrialisierung der Kunst und Demokratisierung der Schönheit bedeutete aber nicht nur eine Absage an den Populismus, sondern auch eine Reaktion auf den Druck der internen Debatten des Kreises von Puteaux. Während der Aufstieg des Galeriekubismus sich in diesem Milieu konsolidierte, markierte der Elitismus des kollektiven Projekts der Gruppe die Durchschlagskraft der ästhetizistischen Kritik an den Versuchen, die Kunst zu demokratisieren und die Unterschiede zwischen den Praktiken der modernen Kunst und der Populärkultur zu verwischen. Diese Unterscheidung blieb wesentlich, wenn die Kunst nicht von der Populärkultur überflutet werden und in ihr aufgehen sollte. Doch während der Populismus der dekorativen Kunst ihre Autonomie bedrohte, war die moderne, urbane Populärkultur für manche eine Herausforderung und sogar eine Quelle der Inspiration.

Picassos Faible für die populäre Unterhaltung ist seit langem bekannt; Zirkus- und Kinobesuche spielen in den Berichten von seinen sorglosen frühen Jahren in Montmartre eine prominente Rolle. Hinzu kam eine vertiefte Auseinandersetzung mit Elementen der Volkskultur, die sich in seinen und Braques Gemälden niederschlug als ein Gegengewicht zu ihrem zunehmend hermetischen Stil des analytischen Kubismus. Kahnweiler erinnerte sich, dass die beiden Künstler gerne »Arbeiter spielten«, wenn sie zu ihm kamen, um sich ihr regelmäßiges Stipendium abzuholen: In blaue Mechanikeroveralls gekleidet, nahmen sie vor ihm ihre Mützen ab und redeten ihn als »Chef« an. Braques Vater war Anstreicher gewesen, und ab 1911 tauchten in ihren Arbeiten einige einschlägige Attribute dieses Handwerks auf, etwa nachgemachte Holzmaserungen und Schablonenschriften. Im Winter 1911/12 malte Picasso die Wörter »MA JOLIE« (Meine Hübsche) unten auf ein Porträt seiner neuen Geliebten (Abb. 55). Sie dienten nicht nur als Titel – und damit als ein ironisches Eingeständnis, wie wenig schmeichelhaft dieses kaum entzifferbare Porträt war –, sondern waren auch der Anfang eines populären Liedes. Ab dem Frühjahr 1912 verwendete er in manchen Bildern Anstreicherlackfarben statt der gewohnten Ölfarben, und im Mai desselben Jahres vollzog er den radikalen Schritt, ein Stück Wachstuch mit einem industriell gedruckten Rohrgeflechtmuster auf eine Leinwand zu kleben: Dies war die Erfindung der Technik der Collage – oder zumindest die erste Aneignung für die künstlerische Praxis (Abb. 56).

Dabei handelte es sich jedoch nicht um bloße Gesten der Sympathie für die Populärkultur oder der Identifikation mit ihren Konsumenten, die großenteils der Arbeiterklasse angehörten. In den Jahren nach dem Ende des Linksblocks und nach der Marokkokrise, als die künstlerischen Avantgarden sich ebenso wie die Arbeiterklasse auf sich selbst zurückzogen und ihre autonome Identität konsolidierten, war die Identifikation mit der Gegenseite keine ohne weiteres verfügbare Position. Unter diesen Umständen markierte der Titel *Ma Jolie* die Kluft, die die persönlichen Interessen der Kunst Picassos von der Alltags- oder Populärkultur trennten. Aber er leistete noch mehr. In diesen Jahren der engen Zusammenarbeit zwischen Braque und Picasso hatte ihre künstlerische Praxis etwas von einer Subkultur an sich, und wie in allen Subkulturen wurden die Motive, Materialien und Verhaltensweisen, die sie aus der Außenwelt entliehen, von ihnen neu definiert, erhielten im Rahmen eines Prozesses der Unterscheidung und der eigenen Positionierung im Verhältnis zur etablierten Kultur zusätzliche private Bedeutungen. In diesem Zusammenhang standen die Mechanikeroveralls, die Anstreichertechniken, die Lackfarben und das bedruckte Wachstuch für ihre Ablehnung von künstlerischen Orthodoxien: für die Ablehnung eines veralteten eleganten »bohemistischen« Stils, für die Ablehnung der Belle Peinture, so sie mit einer nichts sagenden akademischen und/oder modischen Kunst assoziiert wurde, und für die Ablehnung der Vorstellung, dass Kunst von handwerklichem Können herrühre und von dem, was man die »Handschrift« eines Malers nennt.

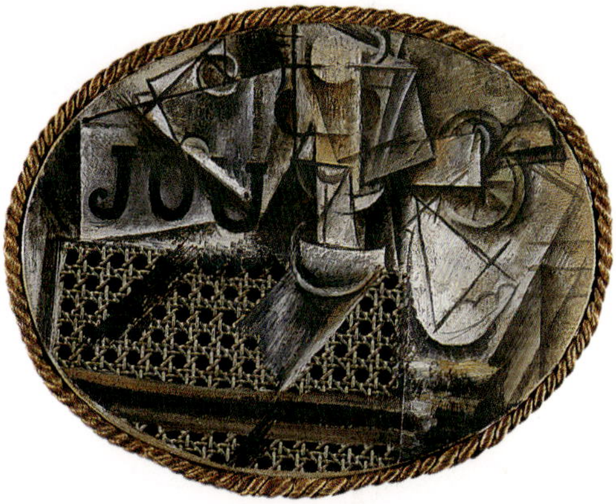

55
PABLO PICASSO
»Ma Jolie« (Frau mit Zither oder Gitarre)
1911/12
Öl auf Leinwand
100 x 65,4 cm
The Museum of Modern Art, New York, erworben durch das Vermächtnis Lillie P. Bliss

56
PABLO PICASSO
Stillleben mit Rohrstuhlgeflecht 1912
Collage aus Ölfarbe, Wachstuch und aufgeklebtem Papier über Leinwand, eingefasst mit einem Seil
27 x 35 cm
Musée Picasso, Paris

Die Anleihen von außerhalb dienten auch Picassos und Braques Erforschung der sprachlichen Natur der Konventionen der Malerei und ihrer Erarbeitung eines Systems von Zeichen, die weniger fest in der Ähnlichkeit verankert und vor allem weniger an die räumliche Illusion gebunden waren. Simulierte Holzmaserung diente als Mittel, um einen hölzernen Gegenstand oder seine Oberfläche zu bezeichnen, ohne ihm eine Position im Raum zuzuweisen; Schablonenschrift ist laut Definition immer flach und kann, je nachdem wie man das Bild sieht, entweder auf der Bildoberfläche oder in der Tiefe des Bildraums wahrgenommen werden. Im September 1912 trieb Braque diese Simulation noch einen Schritt weiter, als er ein Stück einer industriell mit imitierter Holzmaserung bedruckten Tapete auf ein Blatt Papier klebte und auf beide zeichnete; das Ergebnis, *Obstschale und Glas* (Abb. 57), war das erste kubistische Papier collé. Doch es blieb Picasso überlassen, das Potenzial dieses Mediums auf vielfachen Ebenen zu realisieren. Denn wo Braque zunächst die illusionistischen und kompositorischen Implikationen dieser Technik sah, begriff Picasso, dass die Collage die Entdeckungen seiner dreidimensionalen *Gitarre* (Abb. 44) in zwei Dimensionen übersetzen konnte, Transparenz und räumliche Tiefe in nicht illusionistischer Weise zu bezeichnen vermochte und auch eine Antwort auf die Herausforderung ermöglichte, die die Vitalität und Flüchtigkeit der Populärkultur für ihn bedeutete. So gab er im Herbst 1912 die Malerei für einige Monate fast völlig auf und stürzte sich in eine Phase des hektischen Experimentierens mit dem neuen Medium.

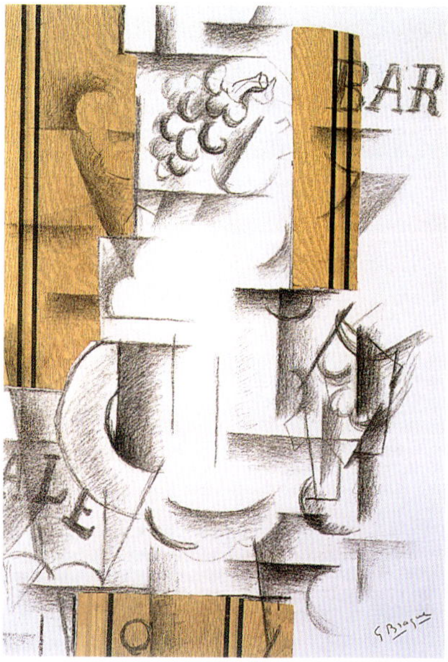

57
GEORGES BRAQUE
Obstschale und Glas
1912
Kohle und aufgeklebtes Papier
62 x 44,5 cm
Privatsammlung

Glas und Suze-Flasche (Abb. 58) ist eine der ersten Papiercollagen Picassos: ein Blatt aus einer Folge, in der er kaum etwas anderes außer Zeitungsausschnitten und Kohlezeichnungen verwendete; die Serie entstand zu einer Zeit, als der Ausbruch eines militärischen Konflikts auf dem Balkan drohte, ganz Europa in den Strudel des Kriegs zu ziehen. Die Zeitungen waren voll davon, und Picasso machte offenbar bewusst und wiederholt Gebrauch von Schlagzeilen, die sich auf die Entwicklung der aktuellen Ereignisse bezogen. In dieser Collage bestehen die Zeitungsausschnitte, die die halbe Bildfläche bedecken und ein blaues Papieroval umfassen (das für die Fläche eines Cafétisches steht), aus Reportagen von der Kriegsfront und dem Bericht einer Antikriegsdemonstration, die die Sozialisten in Paris organisiert hatten. Diese Ausschnitte bilden den formalen Grund und ihr Inhalt den figurativen Hintergrund der Ereignisse. Sie werden konfrontiert mit einem Privatleben, das nicht nur durch die Gegenstände auf dem Cafétisch symbolisiert wird – ein Glas und eine aus weißem Papier geschnittene (also durchsichtige) Flasche des populären Aperitifs Suze, die zudem einen Schatten aus schwarzem Papier wirft –, sondern auch durch die Art ihrer Darstellung, die für niemanden außerhalb des subkulturellen Zirkels verständlich war. Die Konturen dieser Gegenstände, die durch ihre Position im Zentrum in den Vordergrund gerückt werden, sind durch einen weiteren Ausschnitt definiert, der in diesem Fall aber nicht aus den Kriegsberichten, sondern aus der Folge eines romantischen Fortsetzungsromans entnommen ist. Diese Kombination aus visuellen und verbalen Zeichen manifestiert so ein unverbundenes Nebeneinander, aber auch eine unüberbrückbare Distanz – zwischen dem Diskurs

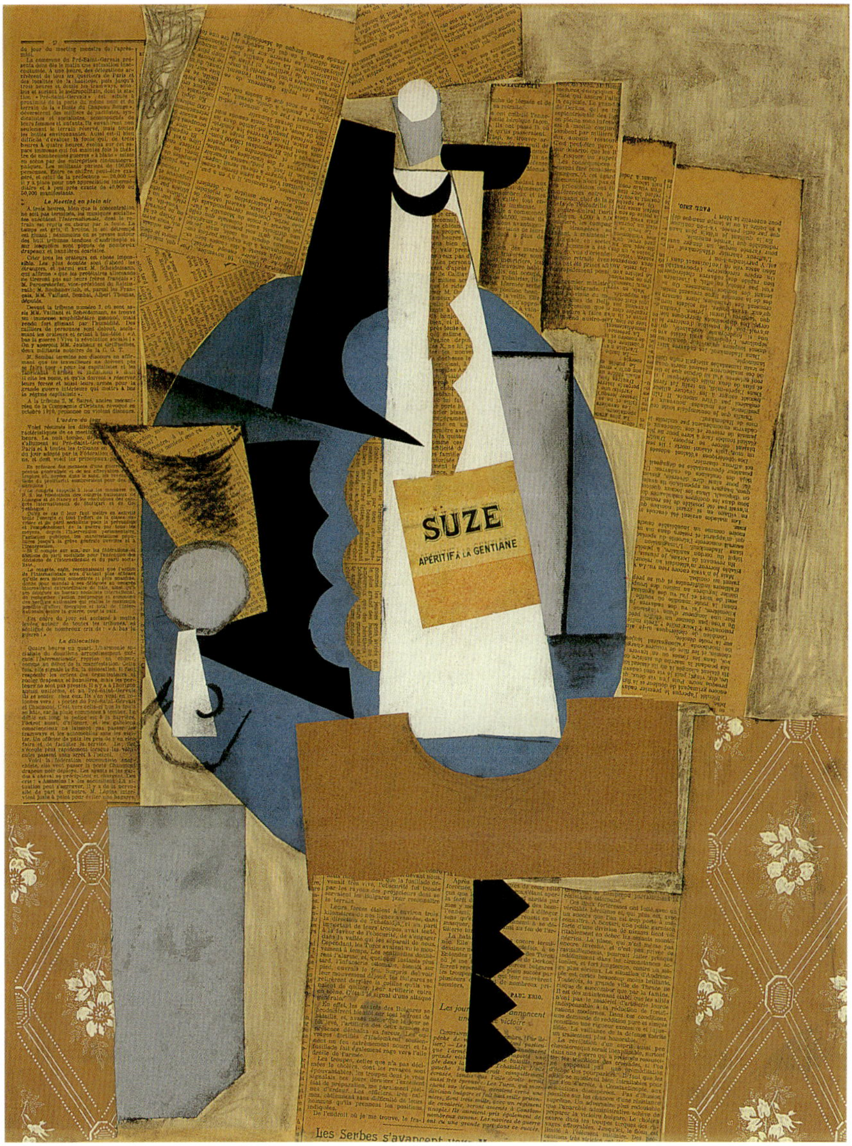

58
PABLO PICASSO
Glas und Suze-Flasche
1912
Aufgeklebtes Papier, Gouache und Kohle
65,4 x 50,2 cm
Washington University Gallery of Art, St. Louis, University Purchase, Kende Sale Fund, 1946

der öffentlichen Ereignisse und der privaten Welt des kreativen Spiels sowie der emotionalen Erfahrungen; eine Distanz, die auch symbolisch für die allgemeinere Kluft zwischen den künstlerischen Avantgarden und der Politik der Arbeiterklasse stand.

Dieses semiotische Spiel im Grenzbereich von öffentlicher und privater Kultur sowie Erfahrungen kennzeichnete nicht nur die Serie mit Zeitungsausschnitten über den Balkankrieg, sondern einen Großteil von Picassos Collageexperimenten während des ganzen Jahres 1913. In dem dichten Geflecht von Bezügen zeigt sich sein Vergnügen daran, wie das Medium in seinen Händen die hochfliegenden formalen Experimente verknüpfen konnte mit dem Alltag in seiner ganzen Buntheit, Banalität und oft auch seinem Schmutz. Bei näherer Betrachtung enthüllen diese Collagen Berichte von Morden, Selbstmorden und Raubüberfällen neben geistreichen, oft auch anzüglichen Bild- und Wortspielen. In vielen von ihnen, und mehr noch in denen von Anfang 1914, finden sich Hinweise auf das, was die hier miteinander verflochtenen Erfahrungswelten von Kunst und Alltagsleben tatsächlich voneinander trennt, nämlich die Konventionen – in Bezug auf Materialien, Kontext und Sprache. Indem Picasso verschiedene Zeichenstile nebeneinander benutzte, mit Rahmen spielte (vgl. Abb. 59) und seit dem Frühjahr 1914 seine Collagen in den dreidimensionalen Raum des Betrachters hinein öffnete (vgl. Abb. 4), stellte er diese Konventionen infrage und damit zugleich den Status einer Kunst, die von diesen Konventionen abhängig ist; an ihre Stelle setzte er die Idee von Kunst als Imagination. Pierre Daix' Bemerkung über die ersten Papiers collés trifft auch auf diese Arbeiten zu: »Nie zuvor hatte der Maler das Geheimnis seiner Arbeit so vollständig zerstört, nie zuvor hatte er sich in solchem Maße dem geschärften Blick des Betrachters ausgesetzt, nicht nur ohne die erlernten Techniken seiner Kunst, sondern ausschließlich mit Mitteln, die jedermann verfügbar waren. Und nie zuvor hatte ein Maler in solchem Maße sein Vermögen als Schöpfer, als Dichter im höchsten Sinn des Wortes bewiesen.«

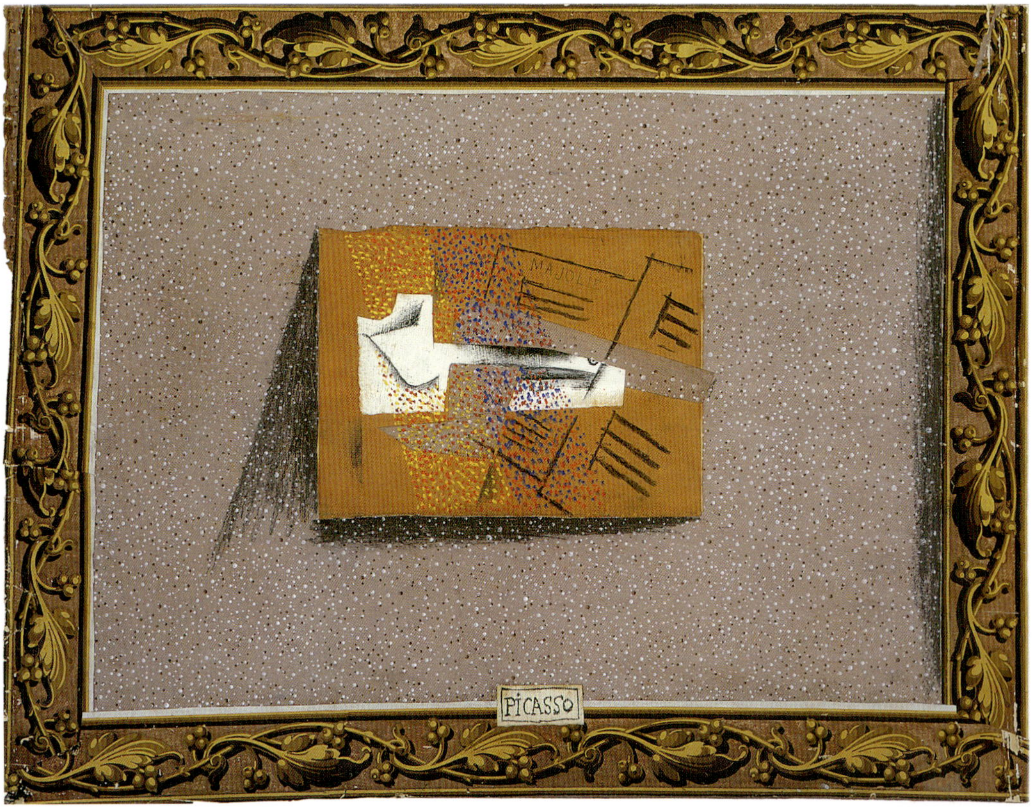

Schluss: Nach dem Kubismus

»Ich sah sie niemals wieder«, sagte Picasso über Braque und Derain – wie schon eingangs erwähnt –, nachdem er sich im August 1914 auf dem Bahnhof von Avignon von ihnen verabschiedet hatte; womit er sagen wollte, dass mit dem Kriegsausbruch und der allgemeinen Mobilmachung der französischen Streitkräfte die Partnerschaften des vergangenen Jahrzehnts unwiederbringlich beendet waren, dass das Abenteuer des Kubismus vorbei war. Dies war zugleich falsch und wahr.

Es war falsch, weil der Kubismus als Bewegung zwar durch die Mobilmachung viele seiner Mitglieder verloren hatte, aber dennoch während der Kriegsjahre und darüber hinaus weiterbestand als eine Kraft innerhalb der Pariser Avantgarde, mit der zu rechnen war. Picasso selbst erweiterte in zwei- und dreidimensionalen Arbeiten unablässig die Vielfalt und die Komplexität seiner künstlerischen Ideen; Gris und Metzinger entwickelten und formalisierten eine Version des Kubismus, die über Jahre hinaus ein Bezugspunkt in den ästhetischen Debatten der Zeit blieb. Neue und innovative Künstler – wie Henri Laurens, Jacques Lipchitz, Diego Rivera und andere – griffen den Stil und seine künstlerischen Implikationen auf und führten sie weiter. Tatsächlich war, wie Christopher Green schreibt, der Kubismus nach 1914 in mancherlei Hinsicht noch wichtiger für die Entwicklung der modernen Kunst als der Kubismus vor 1914. Aber das ist eine andere Geschichte. Der Krieg markierte eine Grenzscheide in der Geschichte der beteiligten Nationen; er teilte sämtliche Aspekte ihres politischen, sozialen und kulturellen Lebens in ein »Vor« und ein »Nach« dem August 1914; und obwohl viele Elemente der Kriegs- und Nachkriegssituation auch schon in der Vorkriegszeit bestanden hatten, brachten die neuen Gegebenheiten neue Teilungen ans Licht und stellten alte in den Schatten. Die Trennungslinie durch den Kubismus und durch die vielen anderen Kreise der Pariser Avantgarden verlief nicht mehr zwischen den Salon- und Galeriekubisten, sondern zwischen Kombattanten und Nichtkombattanten – in einem Konflikt, der, wie Kenneth Silver gezeigt hat, neben den militärischen auch kulturelle Dimensionen aufwies. Da nun der Nationalismus die unbestrittene Grundlage für die Beurteilung der modernen Kunst und des Kubismus als ihr wichtigstes Beispiel bildete, wurde der kulturelle Diskurs in Paris von einer engstirnigen und reaktionären Stimmung beherrscht.

59
PABLO PICASSO
Pfeife und Notenblätter 1914
Aufgeklebtes Papier, Öl und Kohle
51,4 x 66,6 cm
The Museum of Fine Arts, Houston, Schenkung Mr. und Mrs. Maurice McAshan

Aber es war auch in einem profunden Sinne wahr, dass der Kubismus sich nicht nur verändert hatte, sondern an sein Ende gekommen war. Nicht nur weil einige der ursprünglichen Mitglieder die Bewegung schon verlassen hatten und ihr kollektiver Impuls – Allards »kubistisches Reich« – sich daher schon aufgelöst hatte, sondern – was wichtiger war – weil die Grundannahmen, die die künstlerischen Fragestellungen des Kubismus bestimmt hatten, von Künstlern aus ganz Europa in Zweifel gezogen wurden. Anstelle der Erforschung der sprachlichen und konzeptuellen Struktur der Konventionen der darstellenden Malerei – ob sie nun dazu diente, die Erfahrungen des modernen Lebens zu reflektieren oder den Verlockungen der Populärkultur kritisch zu begegnen – postulierte eine Generation von Künstlern, die bereits von dieser Erforschung geprägt waren, inzwischen radikalere Thesen über die Autonomie oder aber den gesellschaftlichen Zweck der Kunst.

Unmittelbar vor dem Krieg überschritten innerhalb eines Jahres Maler aus verschiedenen europäischen Ländern – etwa Piet Mondrian in den Niederlanden, Wassily Kandinsky in Deutschland, Kasimir Malewitsch in Russland und andere – die Schwelle zur Abstraktion, wie Sonia und Robert Delaunay es getan hatten; hierbei stellten jedoch einige von ihnen die Malerei in den Dienst eines radikaleren Idealismus, als der Kubismus es getan hatte, während andere auf der

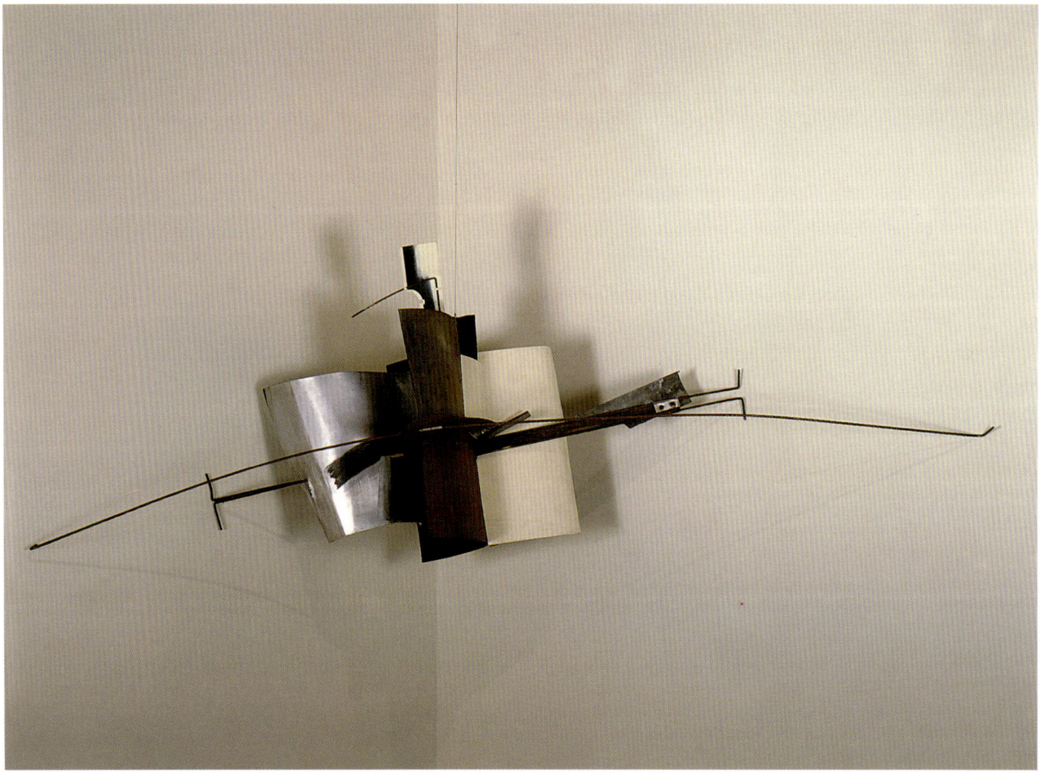

unumgänglich perzeptuellen und materiellen Grundlage beharrten. In Städten, in denen eine Revolution oder die Möglichkeit einer Revolution die Diskussionen der Avantgarde politisierten, stand die Rolle der Kunst beim Aufbau und bei der Darstellung einer neuen Welt auf der Tagesordnung. Als Wladimir Tatlin 1914 nach Moskau zurückkehrte, nachdem er in Paris die Konstruktionen von Picasso und Braque gesehen hatte, begann er, Reliefarbeiten herzustellen (Abb. 60), die denen der beiden Künstler verpflichtet waren, sich zugleich aber radikal von ihnen entfernten. Während sie sich nicht nur über die Einschränkungen der Zweidimensionalität und der konventionellen Materialien hinwegsetzten, wie Picassos *Stillleben* (Abb. 4) es ebenfalls tat, sondern auch über die Konventionen des fiktiven Raums, die, wie ein unsichtbarer Rahmen oder Sockel, diese Arbeit *als* ein Stillleben noch immer von der Realität des Betrachters unterschieden, stehen diese Reliefs für nichts anderes als sich selbst. Als »wirkliche Materialien im wirklichen Raum«, wie Tatlin sagte, verwarfen sie implizit die Kunstauffassung, auf der Picassos Werk noch beruhte. Im selben Jahr führte Marcel Duchamp die Thesen über die konzeptuelle Grundlage der Kunst, die in den Diskussionen im Haus der Duchamps in Puteaux aufgestellt, wiederholt und weiter ausgearbeitet worden waren, zu ihrem logischen Schlusspunkt. Indem er einen alltäglichen Gegenstand, nämlich einen *Flaschentrockner*, zum Kunstwerk erklärte, ohne ihn auch nur im Geringsten materiell zu verändern – das erste einer Serie von Readymades (Abb. 61) –, widersprach er nicht nur, wie Picasso es getan hatte, der Idee von Kunst als einer handwerklichen Tätigkeit, sondern propagierte, anders als Picasso, Kunst als Idee als eine Kunst an und für sich.

Doch Gesten wie diese, die den Kubismus infrage stellten, erfolgten in einer Situation, die von Krieg und Revolution bestimmt war, in einem Moment der eminenten Bedrohung jener sozialen Ordnung, der die moderne Kunst als ein integraler Bestandteil angehörte. Als die Lage der Dinge sich änderte und der Austausch zwischen revolutionärer Politik und der potenziell revolutionären Ästhetik des Kubismus endete, bildeten die Leistungen des Kubismus einen grundlegenden Beitrag zu einem Vokabular der Moderne, das darauf zielt, in allen Künsten das soziale Leben des 20. Jahrhunderts zu vermitteln und darzustellen. In Film und Theater, Musik und Literatur bildete die kubistische Betonung der Funktion der Darstellung für die Produktion der Realität einen wesentlichen Bezugspunkt, manchmal sogar ein grundlegendes Prinzip. Vor allem aber gilt dies für die Malerei und Skulptur – obwohl der Einfluss des Kubismus auf die Skulptur vornehmlich aus einer unerwarteten Richtung kam. In der Zeit vor 1914 standen nur wenige Bildhauer in einer irgendwie gearteten Verbindung zum Kubismus, und nur einer, Raymond Duchamp-Villon, war Mitglied des Kreises von Puteaux. Seine Experimente mit skulpturalen Formen, die durch seinen Tod zu einem abrupten Ende kamen, standen nur in loser Beziehung zu den Interessen seiner Malerfreunde, näher standen sie den Arbeiten seines futuristischen Freundes Umberto Boccioni, der ebenfalls im Krieg getötet wurde. Hätten diese beiden überlebt, wäre die moderne Skulptur um einiges reicher. Doch der größte Teil der Konventionen und Techniken der Bildhauerei und des Modellierens, mit denen sie arbeiteten, war bereits durch Picassos Ikonoklasmus beiseite gefegt worden. Die Reliefkonstruktionen, die aus seinen Experimenten zur Darstellung des Bildraums entstanden, eröffneten eine Flut von Möglichkeiten zur skulpturalen Innovation, die von Henri Laurens und Jacques Lipchitz über Naum Gabo und Louise Nevelson bis zu David Smith und Anthony Caro intensiv und fruchtbar genutzt wurden. Die von Picasso und Braque eingeführte Technik der Collage hatte noch weitergehende Nachwirkungen; ihre Verbindung von Bildern und Materialien aus

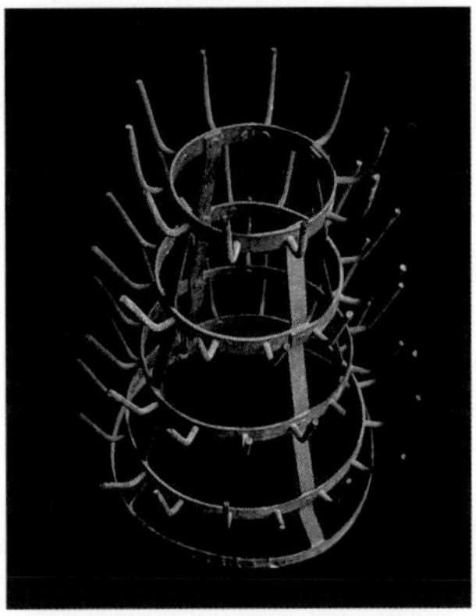

60
WLADIMIR TATLIN
Eck-Kontra-Relief
1915
Rekonstruktion von Martin Chalk, 1979–1982
Eisen, Aluminium, Zink und Mixed-media
78,8 x 152,4 x 76,2 cm
Courtesy Annely Juda Fine Art

61
MARCEL DUCHAMP
Flaschentrockner 1914
Original verschollen
Galvanisiertes Eisen
Höhe: 59 cm, Durchmesser unten: 36,8 cm
Privatsammlung

zweiter Hand ermöglichte (unter anderem) die Erforschung – und das Infragestellen – der Grenzen und des Status der Kunst an einer breiten Front: von Dada über die Pop Art bis zur Postmoderne. Und sowohl die Konstruktionen als auch die Collagetechnik beeinflussten während des gesamten Jahrhunderts ihren Einfluss auf die innovativsten Architekten: von Le Corbusier bis zu Zeitgenossen wie Daniel Libeskind und Frank Gehry.

Das Zusammenbringen dieser drei Namen unterstreicht, dass – wie bei allen bedeutenden Bewegungen – unterschiedliche Künstler, unterschiedliche Gruppen, sogar unterschiedliche Generationen sich den Kubismus auf ihre je eigene Weise angeeignet und interpretiert haben, wobei seine Bedeutung von manchen bereichert wurde, von anderen dagegen eingeengt, um den Anforderungen der etablierten Kultur zu genügen. In den letzten Jahren sind der Enthusiasmus und die Leistungen anderer Kubisten neben Picasso und Braque wieder verstärkt auf Interesse gestoßen, und die Komplexität der Geschichte des Kubismus wird in diesem Licht neu gesehen. Es ist wichtig, dass wir an diesen Einsichten festhalten, wenn wir die historische Bedeutung und die Lektionen des Kubismus in ihrem ganzen Umfang verstehen wollen.

Auswahl-bibliografie

Guillaume Apollinaire, *Die Maler des Kubismus*, Zürich 1956

Eve Blau und Nancy J. Troy, *Architecture and Cubism*, Cambridge, Massachusetts, und London 1997

Yve-Alain Bois, »The Semiology of Cubism«, in: William Rubin and Lynn Zelevansky (Hrsg.), *Picasso and Braque: A Symposium*, New York 1992

Anna C. Chave, »New Encounters with *Les Demoiselles d'Avignon*: Gender, Race, and the Origins of Cubism«, in: *Art Bulletin*, 76, 4, 1994, S. 596–611

Douglas Cooper, *The Cubist Epoch*, London 1971

David Cottington, *Cubism and the Politics of Modernism: Art and the Avant-Garde in Paris 1905–1914*, New Haven und London 1998

Pierre Daix, *Der Kubismus in Wort und Bild*, Genf 1982

Pierre Daix und Joan Rosselet, *Picasso: The Cubist Years 1907–1916*, London und New York 1979

Carol Duncan, »Virility and Domination in Early Twentieth-Century Vanguard Painting«, in: *The Aesthetics of Power*, Cambridge 1993

Edward Fry, *Der Kubismus*, Köln 1966

Albert Gleizes, *Vom Kubismus. Die Mittel zu seinem Verständnis*, Berlin 1922

John Golding, *Cubism: A History and an Analysis 1907–1914*, London 1959, 2. Aufl. 1968

Christopher Green, *Cubism and its Enemies: Modern Movements and Reaction in French Art, 1916–1928*, New Haven und London 1987

Christopher Green, *Juan Gris*, Stuttgart 1992

José Pierre, *Der Kubismus*, Lausanne 1967

Daniel-Henry Kahnweiler, *Der Weg zum Kubismus*, München 1920, 2. erw. Aufl. Stuttgart 1958

Patricia Leighten, »Picasso's Collages and the Threat of War«, in: *Art Bulletin*, 67, Dezember 1985, S. 653–672

Gilberte Martin-Méry u. a., *Les Cubistes*, Bordeaux 1973

Fritz Metzinger u. a., *Die Entstehung des Kubismus. Eine Neubewertung*, Frankfurt am Main 1990

Christine Poggi, *In Defiance of Painting: Cubism, Futurism and the Invention of Collage*, New Haven und London 1992

Theodore Reff, »The Reaction against Fauvism: The Case of Braque«, in: William Rubin und Lynn Zelevansky (Hrsg.), *Picasso and Braque: A Symposium*, New York 1992

Daniel Robbins, »Jean Metzinger: At the Center of Cubism«, in: *Jean Metzinger in Retrospect*, Iowa City 1985

Robert Rosenblum, *Der Kubismus und die Kunst des 20. Jahrhunderts*, Stuttgart 1960

Robert Rosenblum, »Picasso and the Typography of Cubism«, in: John Golding and Roland Penrose (Hrsg.), *Picasso 1881–1973*, London 1973

William Rubin, »From Narrative to ›Iconic‹ in Picasso: The Buried Allegory in *Bread and Fruitdish on a Table* and the Role of *Les Demoiselles d'Avignon*«, in: *Art Bulletin*, 65, Dezember 1983, S. 615–649; Deutsch: »Vom Erzählerischen zum ›Ikonischen‹ in Picassos frühem Werk: Die verborgene Allegorie in ›Brot und Obstschale mit Früchten auf einem Tisch‹«, in: Katharina Schmidt (Hrsg.), *Cézanne, Picasso, Braque. Der Beginn des kubistischen Stillebens*, Stuttgart 1998

William S. Rubin, *Picasso und Braque. Die Geburt des Kubismus*, München 1990

Katharina Schmidt (Hrsg.), *Cézanne, Picasso, Braque. Der Beginn des kubistischen Stillebens*, Stuttgart 1998

Katharina Schmidt und Hartwig Fischer (Hrsg.), *Ein Haus für den Kubismus. Die Sammlung Raoul La Roche: Picasso, Braque, Léger, Gris – Le Corbusier und Ozenfant*, Stuttgart 1998

Kenneth E. Silver, *Esprit de Corps: The Art of the Parisian Avant-Garde and the First World War, 1914–1925*, London 1989

Virginia Spate, *Orphism: The Evolution of Non-Figurative Painting in Paris 1910–1914*, Oxford 1979

Nancy J. Troy, *Modernism and the Decorative Arts in France: Art Nouveau to Le Corbusier*, New Haven und London 1991

Jeffrey Weiss, *The Popular Culture of Modern Art: Picasso, Duchamp and Avant-Gardism*, New Haven und London 1994

Bildnachweis

Wir haben uns bemüht, sämtliche Rechteinhaber ausfindig zu machen. Sollte es uns in Einzelfällen nicht gelungen sein, Rechteinhaber zu benachrichtigen, so bitten wir diese, sich beim Verlag zu melden.

Fotonachweis

Courtesy Annely Juda Fine Art: 60

© 1998 The Art Institute of Chicago: 40

Baltimore Museum of Art: 8

Bibliothèque Nationale de France: 2

Bridgeman Art Library: 16, 61
British Architectural Library, RIBA, Foto: A. C. Cooper (Colour) Limited: 11

Christie's Images: 3

Haags Gemeentemuseum 1998 c/o Beeldecht Amstelveen: 21, 37

Walter Klein, Düsseldorf: 35

Kröller-Müller Museum, Otterlo: 22

Kunstmuseum, Bern, Foto: Peter Lauri: 14

© 1981 The Metropolitan Museum of Art, New York: 13

The Minneapolis Institute of Arts: 24, 36

© Moderna Museet, SKM, Stockholm: 26

Musée Barbier-Müller, Genf, Foto: P. A. Ferrazzini: 10

Fotothèque des collections du Mnam-Cci, Paris: 34, 46, 50, 53

Fotothèque des collections du Mnam-Cci, Paris, Foto: Philippe Migeat: 38

Fotothèque des collections du Mnam-Cci, Paris: Foto Jean-Claude Planchet: 32

Fotothèque des Musées de la Ville de Paris, Foto: P. Perrain: 7

Museu de Arte de São Paulo, Assis Chateaubriand, Foto: Luiz Hossaka: 30

The Museum of Fine Arts, Houston: 23

The Museum of Fine Arts, Houston, Foto: T. R. Du Brock: 59

© 1998 The Museum of Modern Art, New York: 5, 9, 42, 44, 54

National Gallery, London: 6

© Board of Trustees, National Gallery of Art, Washington, Foto: Richard Carafelli: 1

The Board of Trustees of the National Museums and Galleries on Merseyside (Walker Art Gallery): 25

Öffentliche Kunstsammlung Basel, Foto: Martin Bühler: 18, 27

Philadelphia Museum of Art, Foto: Graydon Wood: 39, 41

Puschkin-Museum, Sankt Petersburg: 15

© RMN: 17, 45

RMN, Foto: R. G. Ojeda: 29, 56

© The Solomon R. Guggenheim Foundation, New York, Foto: David Heald: 43, 48

Stedelijk Van Abbemuseum, Eindhoven: 52

Tate Gallery Photographic Department: 4, 19, 28, 31, 49, 51

Washington University Gallery of Art, St. Louis: Umschlagabbildung, 58

Register

Abstraktion: Vom Lateinischen »abstrahare« = »abziehen, wegnehmen«. In der bildenden Kunst dient das Mittel der Abstraktion dazu, zum Wesen der Gegenstände vorzudringen, indem man auf die Wiedergabe des Naturvorbildes oder seiner einzelnen Komponenten verzichtet. Der Kubismus gilt als einer der Wegbereiter der abstrakten Kunst. **Afrikanische Kunst:** Die schwarzafrikanische Plastik wird in Westeuropa erst zu Beginn des 20. Jahrhunderts als eigenständige Kunstform wahrgenommen. Die Ausdruckskraft dieser plastischen Bildwerke, deren Vielfalt sowie der Verzicht auf Naturnachahmung stoßen auf das Interesse zahlreicher Künstler des Kubismus, des Fauvismus und des Expressionismus. **Analytischer oder hermetischer Kubismus:** Das Dargestellte wird einer formalen Analyse unterzogen; Figuren und Gegenstände setzen sich aus geometrischen Einzelkörpern zusammen, die simultan von verschiedenen Perspektiven aus gesehen und wiedergegeben werden. Auf diese Art und Weise entsteht eine Facettierung der Bildfläche, während gleichzeitig eine Auflösung der Raumperspektive stattfindet. **Frühkubismus:** Die auf den formalen Gestaltungsprinzipien von Paul Cézanne basierenden Anfänge des Kubismus. Mit seinen *Demoiselles d'Avignon* von 1907 leitet Pablo Picasso den Kubismus ein; ihm folgt 1908 Georges Braque mit seiner Serie von *Landschaften bei L'Estaque.* **Assemblage:** Sammelbegriff für den Komplex raumplastischer Materialbilder, bei denen das Collageprinzip durch Einsatz von dreidimensionalen Elementen erweitert wird. Diese Technik, die vereinzelt schon bei den Kubisten Verwendung findet, erfährt ihre volle Ausprägung jedoch bei den dadaistischen und surrealistischen Künstlern. **Chiaroscuro:** Helldunkelmalerei. **Collage:** Als Collagen werden Bilder bezeichnet, die ganz oder teilweise aus aufgeklebten, meist flächigen Materialien bestehen, etwa aus Papier, Drucksachen aller Art, Karton, Geweben, Folien und so weiter. Diese werden in der Regel zeichnerisch oder malerisch überarbeitet beziehungsweise ergänzt. Pablo Picasso erweitert die Technik der Collage ins Dreidimensionale und schafft somit eigenständige Plastiken. **Dadaismus:** Vom Französischen »dada« = kindlicher Ausdruck für Pferd. Die literarisch-künstlerische Bewegung wird 1916 in erster Linie von Emigranten in Zürich unter dem Eindruck des Ersten Weltkrieges gegründet. Ziel ist die Zerschlagung von paradoxen bürgerlichen Konventionen. Provokative Aktionen, Verneinung von Regeln, Geräusch-, Text- und Materialmontagen sowie die zeitkritische Darstellung des Menschen bilden die Hauptelemente dieser Protestbewegung gegen die etablierte Kunst, der unter anderen Hans Arp, George Grosz, Raoul Hausmann, Hannah Höch und Kurt Schwitters angehören.